Ministrando Esperanza Al Corazón Herido:

Una Guía Para Cristianos

Por Roberta Fish, LCSW

Ministrando esperanza al corazón herido:
Una guía para cristianos
por Roberta Fish

Impreso en los Estados Unidos de América

ISBN 978-0-9963738-0-7

Dedicado a:

Mi Gran Sanador - Jesucristo
Mi mejor amigo y motivador, mi esposo - Howard Fish
Mi compañera en *Hope for Hurting Hearts* –Juanita Mayer-Bartel
Mis mejores maestros: Mis pacientes y mis estudiantes

Agradecimientos

Gracias, a mis traductores: Dr. Hugo Valette,
Hilda Valentin, y Heidi Lopez

Tabla de Contenido

Capítulo 1

Introducción

Wendy caminaba por la vida sintiéndose como muerta y sola; sabía que algo andaba mal. Añoraba sentir amor por Dios, por su esposo y por sus hijos, al igual que lo hacían otras personas. Se sentía defectuosa por completo; la vergüenza era su compañera de todos los días. No podía seguir los buenos principios de salud y se alimentaba de comida chatarra en secreto y regularmente. Su esposo no era amable con ella, pero ella veía esto como normal y justificado. Tenía sueños espantosos y pesadillas acerca de violentas y ensangrentadas. Esto reforzaba su creencia de que era mala, tal vez hasta poseída por demonios. Wendy intentó diferentes recursos en un intento por sentirse viva, pero algunas veces se sentía tan indigna de ser amada, que se hería a sí misma. Pensaba que ella estaba recibiendo lo que se merecía. Mantenía a todo el mundo a la distancia. Pensaba que si la gente realmente la llegaba a conocer, se daría cuenta de la terrible persona era.

Wendy había sido abusada emocionalmente por su madre, abusada físicamente por su padre y abusada sexualmente por un maestro de la escuela de iglesia y por su pastor. El maestro y el pastor abusaron de ella también espiritualmente debido a su posición de confianza. Wendy sabía que lo que había sucedido estaba mal y una vez trató de hablarle a su madre acerca de ello. Su madre le dijo que sólo tenía que mantenerse alejada de ellos. Lo intentó, pero no funcionó y se culpaba a sí misma por ser incapaz de evitar el abuso. Le habló acerca de ello a otro maestro y él se lo informó al presidente de la junta escolar. La junta escolar se reunió para tartar tema, pero el maestro, increíblemente, permaneció allí por dos años más y continuó abusando de Wendy. Esa fue la última vez que trató de decirle a alguien.

Desearía poder decirte que esta es una historia inventada, pero no lo es. Esta historia se repite a diario en un sinnúnero de familias e iglesias. El abuso es una epidemia que rompe corazones, con consecuencias de largo alcance.

- Anualmente, casi un millón de niños son víctimas de abuso físico.[1] En Estados unidos cada día mueren cinco niños por heridas causada por el abuso.[2] Si hubiera estudios retrospectivos acerca de adultos que fueron abusados físicamente en su niñez, los números serían estremecedores.
- Los estudios retrospectivos en adultos muestran que 25-40% de las mujeres y 10-15% de los hombres fueron abusados sexualmente antes de la edad de 18 años.[3] Esto significa que en Estados Unidos hay más de 42 millones de adultos que son sobrevivientes de abuso sexual en su niñez, y las estadísticas son similares enla población de las iglesias. Estas estadísticas están basadas en casos reportados. Los niveles a la verdad son más altos porque 73% de los niños que son víctimas no reportan el abuso a nadie por un año. El 45% de las víctimas se tardan cinco años para compartirlo, y la mayoría nunca lo revela.
- Una de cada cuatro mujeres está sufriendo o ha experimentado violencia doméstica.[5] Se estima que 1.3 millones de mujeres son víctimas cada año de asalto físico por su compañero íntimo.[6] Noventa por ciento de las víctimas de violencia doméstica son mujeres.[7] La mayoría de los casos de violencia doméstica nunca son reportados a la policía.[8] Los estudios sugieren que entre 3.5—10 millones de niños anualmente son testigos de alguna forma de violencia doméstica.[9]
- Hay muy poca investigación que revele los induces de abuso emocional, negligencia y abandono (a menos que sean severos, los cuales figuran en las estadísticas de abuso físico).
- No hay ninguna oficina que mantenga un registro del abuso espiritual. Estos abusos suceden frecuentemente, sólo que no son documentados.

Estas estadísticas muestran que un alto número de corazones heridos viven en nuestras comunidades, iglesias y familias. Recuperarse del abuso es un proceso difícil; un viaje doloroso y confuso. Ezl ministerio de curación a los sobrevivientes es sumamente necesario y vital en el rocoso camino hacia la restauración.

Cuando pensamos en el abuso nos bombardean muchas interrogantes, y nos preguntamos:

- ¿Cómo puede un abuso que sucedió hace años afectar todavía a

alguien hoy?
- ¿Cómo es la verdadera curación?
- ¿Cuánto tiempo tomará?
- ¿Cuáles son las diferentes etapas de la curación?
- ¿Qué acerca de los abusadores? ¿Necesitan ellos curación?
- ¿Es aún posible la curación?
- ¿Dónde está Dios en todo esto?

Hace diecisiete años, Juanita Mayer-Bartel, capellana en Shawnee Mission Hospital, y yo creamos Hope for Hurting Hearts (Esperanza para corazones heridos), un apoyo educativo de fin de semana para sobrevivientes del abuso. (www.hopeforhurtinghearts.com) Nuestro objetivo era el de dar a los sobrevivientes una visión de curación e inspirarles esperanza mientras atravesaban el proceso. Los retiros de Hope for Hurting Hearts han tomado lugar en numerosas ocasiones en diferentes lugares de Norteamérica. Este libro es una extensión de ese ministerio. A medida que usted lee este libro recibirá esperanza, una visión del proceso sanador y el conocimiento necesario para sostener a los sobrevivientes mientras sanan. Al adquirir una comprensión del cuadro general, será capacitado para ministrar esperanza al corazón herido.

Cuando en este libro se hable de aquellos que han sido abusados, se usará el término "sobreviviente" en lugar de "víctima". Es verdad que aquellos que fueron abusados son víctimas.

Una víctima se define como "alguien que ha sido dañado o matado por otro, alguien que ha sido afectado, que sufre, circunstancia, agencia o condición, una persona engañada, estafada, o de la que se toma ventaja."[10] Pero, el abusado es tanto más que eso. En mis treinta años como terapeuta he visto personas que han sufrido horrendos abusos. El término que mejor les representa es "sobreviviente": "uno que permanece vivo, que sigue adelante a pesar de las dificultades o traumas, que se mantiene activo y funcional."[11] Aquellos que han sobrellevado el abuso han estado viviendo una terrible guerra, y yo respeto profundamente su coraje y creatividad. Sí, ellos son sobrevivientes en todo el sentido de la palabra.

Tratar el tema de la curación del abuso en la niñez es el principal objetivo de este libro. Sin embargo, el proceso de curación descrito se puede también aplicar al abuso en el adulto. El apéndice VII sobre Violencia Doméstica y el apéndice VIII sobre Asalto Sexual proveen información específica sobre el abuso en el adulto.

Prácticamente todos hemos sufrido una herida física alguna vez en nuestra vida. Esa experiencia nos ayudará a identificar y comprender el proceso de curación. Responderemos las siguientes preguntas aplicando lo que sabemos acerca de una herida física al saneamiento de las heridas del abuso:

1. ¿Cómo son heridas las personas? (Capítulo 3)
2. ¿Cuáles son los efectos de ser herido? (Capítulo 4)
3. ¿Cuál es la primera etapa de la curación? (Capítulo 5)
4. ¿Cuál es la segunda etapa de la curación? (Capítulo 6)
5. ¿Cuál es la tercera etapa de la curación? (Capítulo 7)
6. ¿Cómo podemos ayudar en el proceso de curación? (Capítulo

Al transitar este camino de descubrimiento, muchos sentimientos vendrán a la superficie. Habrá ocasiones de tristeza, alegría, ira y amor. Para algunos será un viaje más difícil porque les tocará muy de cerca. Mirar el abuso es repulsivo y desgarrador. Sin embargo, estamos confiados, pues tenemos un Acompañante Divino que ya transitó este camino. Él conoce el dolor de las heridas y es El Rapha, el Señor que Sana. En el capítulo 2 estudiaremos el ministerio de curación de Jesús y aprenderemos principios que nos guiarán en nuestro viaje. "Pero para aquellos que temen mi nombre se levantará el Sol de Justicia trayendo curación en sus alas" (Mal. 4:2) ¡Qué preciosa promesa! No tenemos nada que temer al emprender este viaje juntos.

Capítulo 2

El Ministerio Sanador de Jesús

El primer paso para comprender el mapa de ruta para este viaje sanador se trata de Jesús, el gran Sanador. En la labor de ministrar esperanza al corazón herido, Jesús es nuestro ejemplo. Hay siete principios claros comprendidos en Su ministerio sanador. Seguir estos principios nos hará aptos para extender el ministerio sanador de Cristo a los corazones heridos. El acrónimo **S-A-N-A-N-D-O** será usado para presentar estas importantes verdades:

S = Sanadores llamados
A = Abriendo puertas
N = Necesita fe
A = Amor generoso
N = Nueva vida
D = Debe sentir necesidad
O = Ofrenda de alabanza y gratitud

S = Sanadores llamados

Los sanadores son llamados y capacitados por Jesús. Él dijo, "De cierto, de cierto os digo: El que en mí cree, las obras que yo hago, él las hará también; y aún mayores hará, porque yo voy al Padre" (Juan 14:12). La palabra *de cierto* significa "hecho cierto o garantizado". Podemos saber sin lugar a duda que si creemos en Jesucristo, Él hará grandes cosas a través de nosotros—aún mayores que las que El hizo. Esto parece imposible, pero el mismo Jesús lo dijo, haciendo de ello una promesa irrefutable.

Luego de pasar tiempo con Jesús, los discípulos fueron llamados a un ministerio sanador y Jesús los envió de dos en dos. Les dio poder para "sanar toda enfermedad y toda dolencia" (Mat. 10:1). Cuando Jesús nos llama al ministerio, nos capacita y fortalece para responder al llamado. El éxito en cualquier ministerio sanador es el resultado de la fe en las promesas de Cristo.

Lecturas para estudio personal: Mat. 10; Mat. 13:58; Luc. 9

A = Abriendo puertas

El ministerio de curación ocupó gran parte de la obra de Jesús en la tierra. Muchas referencias bíblicas nos dicen que Jesús enseñó a la gente acerca del reino, predicó las Buenas Nuevas y sanó sus enfermedades. El estudio de las palabras enseñando, predicando y sanando en las Escrituras provee resultados fascinantes. Predicando es la menos mencionada (trece veces). Le sigue enseñando con veinte versículos y sanando está en primer lugar. Sanando aparece veinticinco veces en sentido general, como en "Porque había sanado a muchos; de manera que todos los que tenían aflicciones se le echaban encima para tocarle." (Marcos 3:10). En estos versículos no están incluidas las historias de treinta y un individuos que Jesús sanó. La sanidad es un ministerio importante; tal vez aún más importante que enseñar o predicar. Ciertamente no es menor que éstos.

Al impartir Jesús sanidad a los heridos y sin esperanza, sus corazones se abrían al evangelio. El ministerio de curación al cual Dios nos ha llamado es una puerta de entrada a los corazones de los sobrevivientes. Dios nos usará para traer sanidad integral y buenas nuevas a sus corazones heridos.

Lecturas para estudio personal: Mat. 4:23-24; Mat.9:35-36; Luc. 6:17-19

N = Necesita fe

En casi cada historia donde Jesús sana a alguien, Él habla acerca de la fe de la persona que es sanada. Algunas veces, como cuando los dos ciegos pidieron ser sanados, Jesús inició la curación pidiéndole a la persona que declarara su fe.

"Jesús les dijo: ¿Creéis que puedo hacer esto? Ellos dijeron: Sí, Señor. Entonces les tocó los ojos, diciendo: Conforme a vuestra fe os sea hecho. Y los ojos de ellos fueron abiertos" (Mat. 9:28-30)

Otras veces Jesús dijo después de la curación: "Tu fe te ha salvado" (Luc. 19:42). La curación ocurre cuando la persona cree que Dios le puede sanar. La fe se trata de la esperanza y la confianza. Es decir: "Dios, yo creo que Tú puedes y que lo harás".

La fe es siempre un componente de la curación, pero algunas veces la fe del que ayudar afecta la curación. Jesús estaba sanando y enseñando en una casa atestada de gente cuando cuatro hombres trataron de llegar hasta Él a fin de que su amigo paralítico pudiera ser sanado. Incapaces de llegar a través de la multitud de personas, los hombres abrieron el techo sobre la cabeza de Jesús y bajaron al paralítico en una camilla frente a Él. Las Escrituras dicen: "Cuando Él vio la fe de ellos" Jesús sanó al hombre (Marcos 2:5). Está claro que tanto la fe intercesora como la fe individual juegan una parte importante en la curación.

Esto significa que mientras ministramos a los sobrevivientes, nuestra fe juega una parte en su restauración. Jesús le dijo al sobreviviente: "Porque yo veo la fe de aquellos que te ministran esperanza, tú eres sanado." ¡Qué preciosa bendición la de ser parte fundamental de la asombrosa curación de Dios a los sobrevivientes!

Lecturas para estudio personal: Mat. 8:5-10; Mat. 15:21-28; Marcos 2:1-5; Marcos 5:30-34; Luc. 17:11-19; Luc. 18:35-42

A = Amor generoso

Algunas de las palabras más hermosas en las Escrituras describen el amor y la compasión de Jesús. "Y saliendo Jesús, vio una gran multitud, y tuvo compasión de ellos, y sanó a los que de ellos estaban enfermos". (Mat. 14:14). Com significa "con", y pasión es "sentimiento fuerte". La compasión se demuestra al acercarse a alguien con amor profundo y pena por su dolor. La palabra griega para compasión significa "ser movido en las entrañas". Se creía que los intestinos eran el sitio del dolor y la pena. Tal vez usted ha tenido la experiencia de ver un cuadro particularmente doloroso de sufrimiento humano y su estómago literalmente le dolió. La reacción de nuestro Señor hacia las personas heridas muestra que la compasión y la curación son inseparables en el ministerio de Jesús.

Dios nos llama a ser movidos a compasión por aquellos que están sufriendo dolor. El amar es siempre un riesgo, lo que significa que podemos y seremos lastimados. Esto también significa que participamos en el más precioso trabajo que se nos ha dado como seguidores de Cristo y nuestro gozo será pleno.

Lecturas para estudio personal: Mat. 9:36; Mat. 15:32; Mat. 20:34; Mar. 1:41; Mar. 6:34; Luc. 7:13.

N = Nueva vida

No ha existido persona, lugar, tiempo o condición que estuvieran más allá del poder sanador de Jesús. Él sanó a cada persona que vino a Él con fe: judío y gentil, hombre y mujer, rico y pobre, joven y anciano. Jesús sanó a los marginados, los leprosos, los ritualmente impuros y los poseídos por los demonios. De todo ámbito y condición social, Jesús se acercó al enfermo y sufriente y le ofreció curación.

La curación no dependía de lugar o tiempo. Sucedía en la sinagoga, el templo, la casa, el camino y la cumbre de la montaña. Jesús sanó en la mañana, al mediodía y durante la noche.

Jesús curó a la persona integral. Él sanó a la persona espiritualmente, con frecuencia antes de la curación física. "Tus pecados te son perdonados" (Mat. 9:2). Jesús sanó físicamente – de la lepra, ceguera, parálisis, cojera y aún de la muerte. Jesús sanó a las personas socialmente, restaurándolas a sus familias y comunidades. La mujer con hemorragia estaba totalmente marginada de la sociedad por su condición. Después de curarla, Jesús le dijo: "Hija, tu fe te ha sanado; ve en paz". (Luc. 8:48). Él la reestableció a su familia y a su comunidad. Jesús sanó cognitivamente, desafiando los sistemas de creencias por su palabra y acción. Jesús cambió la desesperación en esperanza, la indiferencia por amor y el temor por paz.

Lecturas para estudio personal: Mat. 12:10-13; Mar. 5:1-15; Mar. 7:24-30; Luc. 8:43-48; Juan 18:10; Juan 4:46-54.

D = Debe sentir necesidad

Jesús vino a morir para que nosotros tuviéramos la libertad de elección. El sistema de Dios nunca incluye forzar la voluntad. Nosotros tenemos la libertad de elegir o no el camino de Dios. Este principio permeó el ministerio de curación de Jesús. Jesús le preguntó al hombre en el estanque de Betesda: "¿Quieres ser sano?" (Juan 5:6). Para poder elegir, debemos primero sentir la necesitar y el deseo de ser sanados. La necesidad tiene que ver con la libertad de elección. Cuando tenemos una necesidad, nuestros corazones están abiertos a elegir el remedio para esa necesidad. La necesidad siempre precede a la curación.

En algunas aldeas Jesús sanó a toda persona. En Capernaúm al final del sábado, "al ponerse el sol, todos los que tenían enfermos de diversas enfermedades los traían a Él; y Él, poniendo las manos sobre cada uno de ellos, los sanaba." (Luc. 4:40). Pero esto no sucedió en todas partes. Algunas veces Jesús no sanaba a las personas porque ellos no sentían la necesidad y por consiguiente no elegían la curación:

"Y no pudo hacer allí ningún milagro, salvo que sanó a unos pocos enfermos, poniendo sobre ellos las manos. Y estaba asombrado de la incredulidad de ellos". (Marc. 6:5,6)

Las personas en Nazaret no sentían necesidad alguna y por eso no se abrieron a su ministerio sanador. Nuestra gran necesidad nos lleva a los pies de Jesús con corazones abiertos para recibir su curación.

Lecturas para estudio personal: Mat. 8:1,2; Mar. 10:51; Juan 5:6

O = Ofrenda de alabanza y gratitud

Todo el ministerio sanador de Jesús fue para la gloria de Dios. Refiriéndose a Lázaro, Jesús dijo en Juan 11:4: "Esta enfermedad no es para muerte, sino para la gloria de Dios". Entonces otra vez en el versículo 40, justo antes de llamar a Lázaro a salir de la tumba, Jesús le dijo a Marta: "¿No te he dicho que si crees, verás la gloria de Dios?" Jesús nunca sanó para su propia gloria, aún cuando tenía el legítimo derecho de hacerlo. Siempre fue para la gloria de Dios. Mateo 9:8 dice que cuando el pueblo vio la curación del paralítico, "se maravillaron y glorificaron a Dios ".

Dar gloria a Dios es ofrecerle adoración, alabanza y acción de gracias. La gratitud y la gloria van de la mano y el agradecer a Dios es darle gloria. Había diez leprosos que vinieron a Jesús para ser sanados y Él les dijo que fueran al sacerdote para obtener el certificado de curación. Mientras iban, fueron sanados. "Entonces uno de ellos, viendo que había sido sanado, volvió, glorificando a Dios a gran voz, y se postró rostro en tierra a sus pies, dándole gracias". (Luc. 17:15). Nuestro espíritu de gratitud mientras ministramos esperanza a los corazones heridos es para la gloria de Dios. Todo lo que hacemos y decimos es para la gloria de Dios. Nada es para nuestra propia gloria; todo se trata de ir "andando y saltando y alabando a Dios" (Hech. 3:8)

Lecturas para estudio personal: Luc. 13:10-13; Juan 9:23-25.

Capítulo 3

¿Qué produce las heridas?

Al ministrar a los sobrevivientes, es crucial comprender la definición y el comportamiento del abuso. Los sobrevivientes tienden a negar o minimizar su abuso. Para evitar ser enredados en su sistema de negación, necesitamos tener en claro lo que es el abuso. Todos los relacionados con este problema son parte del sistema de negación: la persona abusada, el abusador, todo aquel que pudo o debió haber tenido conocimiento del abuso, y/o cualquiera que trató de mantenerlo en secreto.

La negación a menudo es mal entendida. No es: "Yo sé lo que sucedió pero estoy haciendo de cuenta que no sucedió". En lugar de esto, la negación es: "No me permitiré a mí mismo saber que esto sucedió". Este proceso defensivo ocurre en un nivel subconsciente y es una respuesta de amortiguación del abuso. Las víctimas, a fin de sobrevivir y funcionar en la vida, a menudo sienten la necesidad de negar lo sucedido. Algunos lo niegan tan fuertemente que no tienen memoria del abuso hasta la adultez cuando algún evento desencadenante expone su secreto. A menudo ellos recuerdan que algo sucedió, pero sólo recuerdan parte de ello. Aun si tienen memoria de lo sucedido, minimizan el impacto del evento en sus vidas y separan el hecho de sus sentimientos. Al colocar las cosas en compartimientos separados, disocian el hecho de los sentimientos—nunca permiten que ellos se conecten.

Aunque el abuso tiene muchas caras, hay un componente preponderante: casi todo abuso tiene que ver con poder y control. El abusador controla a la víctima por medio de diversos comportamientos. Los responsables manipulan a sus víctimas y hacen de ellas objetos para complacer sus propias necesidades, sin tener en cuenta las consecuencias para la víctima. El control es a menudo una reacción inmadura a circunstancias de la vida en las cuales el abusador (por lo general en la niñez) fue puesto en una situación indefensa. Ellos tienen una fuerte necesidad de tener manejo y control sobre su entorno—humano y físico. Muchos comportamientos abusivos pueden ser rastreados a esta situación indefensa y su temor a la pérdida de control real o potencial.

Tanto la víctima como el abusador están heridos pero, a causa de nuestra indignación por el abuso, es fácil olvidar esto. Los estudios demuestran que de un tercio a la mitad de los abusadores fueron ellos mismos víctimas.[12] Por supuesto, no todo el que fue abusado se convierte en un abusador, ni todos los abusadores fueron abusados.

Ministrar al corazón herido significa conocer lo que es el abuso y nunca excusarlo. En el fondo, el abuso es pecado. No hay excusa para el pecado. Podemos tener compasión y comprensión por el abusador, pero nunca es aceptable abusar de un hijo de Dios y debemos mantenernos firmes en esta verdad.

La metáfora de las heridas

El aplicar la metáfora de la herida física a las heridas del abuso puede ayudarnos a obtener una idea precisa de los diferentes tipos de abuso.

Una vez o repetitivo

Una herida física puede ser causada por un evento único o por eventos repetitivos. Un evento aislado puede ser el cortarse con una hoja de papel. Una injuria repetitiva puede ser una ampolla frotada ásperamente por repetidas fricciones. En forma similar, las heridas del abuso pueden ser un niño acariciado una vez por su niñera, o el abuso repetido como ponerle nombres denigrantes por un período de años. Una herida física causada por un simple evento puede ser menor o severa. Las heridas repetidas generalmente causan dolor más profundo y duradero, y tardan más en sanar. Lo mismo es cierto con el abuso; el abuso repetido a largo plazo tarda más tiempo en curar y por lo general afecta al sobreviviente en un grado mayor.

Superficial o profunda

La herida física puede ser superficial o profunda. Un pequeño corte de cuchillo en un dedo de la mano sería superficial, mientras que fracturar el fémur sería una herida profunda. Las heridas resultantes serían muy diferentes. Las heridas del abuso pueden ser también superficiales o profundas. Un incidente con un vecino mayor obligando a otro niño a jugar al "doctor" un par de veces sería más superficial. Esto requeriría curación, pero el tiempo de curación sería más corto y necesitaría menos energía. Si alguien fuera violado o golpeado, esta "herida profunda" implicaría mayor tiempo y apoyo para curar. Cuando el abusador es parte del círculo de confianza (familia, iglesia y amigos), la herida llega a ser muy profunda. La curación de esta herida requiere tiempo extendido, energía adicional y apoyo significativo.

Factores sistémicos

El proceso de curación de una herida física puede complicarse si el cuerpo de la persona está afectado por una disminución del sistema inmune, pobre nutrición, o alguna otra condición. Los efectos serán más severos y la curación tomará más tiempo. Lo mismo es cierto para las heridas del abuso. Cuando el sistema familiar es disfuncional o cuando el abusado tiene otros problcmas, tales como dificultad para el aprendizaje, baja autoestima, o impedimentos físicos, entonces la herida emocional se hace más grave y la curación más complicada.

El comparar una herida física con las heridas del abuso nos ayuda a comprender por qué algunas personas tienen más dificultades que otras durante el proceso de curación. La edad, severidad, prolongación del abuso, nivel de apoyo, tiempo transcurrido desde el incidente hasta que inicia la curación, si hubo validación del abuso, la relación con el abusador y muchos otros factores juegan una parte importante en la duración y dificultad del proceso de curación.

Muchas veces creemos que sabemos lo que es el abuso, pero muchas de las creencias que tenemos son erróneas. He aquí algunos de los mitos y hechos acerca del abuso:

MITO: Es abuso sólo si es violento.

Hecho: El abuso físico es sólo una forma de abusar del niño. La negligencia y el abuso emocional pueden ser igualmente perjudiciales, y debido a que son más sutiles, es menos probable que otros intervengan.

MITO: Sólo las personas malas abusan de sus hijos.

Hecho: Aunque es fácil decir que sólo la "gente mala" abusa de sus hijos, no siempre todo es tan blanco y negro. No todos los abusadores dañan intencionalmente a sus hijos. Muchos han sido víctimas ellos mismos de abuso, y no conocen ninguna otra forma de ser padres. Otros pueden estar luchando con su salud mental o con problemas de abuso de sustancias.

MITO: El abuso infantil no ocurre en las "buenas" familias.

Hecho: El abuso de los niños no sólo ocurre en las familias pobres o en los malos vecindarios. Cruza todas las barreras raciales, económicas, y culturales. A veces, familias que desde afuera parecen tenerlo todo esconden una historia diferente detrás de las puertas cerradas.

MITO: La mayoría de los abusadores de niños son extraños.

Hecho: Aunque el abuso por extraños sucede, la mayoría de los abusadores son miembros de la familia o personas cercanas a la familia.

MITO: Las personas mienten sobre el abuso infantil buscando atención y simpatía.

Hecho: Los estudios revelan que es muy raro que una persona afirme que fue abusada cuando en verdad no lo fue; sin embargo, "reportes falsos negativos" de abuso son comunes, por ejemplo, muchos adultos afirman que no fueron abusados cuando eran niños, cuando en realidad lo fueron. Las estadísticas policiales y de las cortes también demuestran que es muy raro que una persona invente una denuncia por abuso al niño.

Cuando observamos comportamientos abusivos específicos, tendemos a pensar que algunos son peores que otros. Aunque esto es verdad en cierto grado, también es importante recordar, "cuando se produce daño, no hay diferencia real entre el abuso físico, sexual y emocional. Lo único que distingue a uno de otro son las armas elegidas por el abusador".[13] Como hemos visto, todo abuso tiene que ver con el poder y el control—el tratar a las personas como objetos.

El apéndice I incluye definiciones bien detalladas e indicadores para el abuso. Incluiré aquí una lista resumida.[14]

Abuso emocional del niño

¿Recuerda el dicho, "palos y piedras pueden romperme los huesos pero las palabras nunca me lastimarán"? Contrario a este viejo dicho, el abuso emocional puede afectar severamente la salud emocional del niño y su desarrollo social, dejándole cicatrices psicológicas de por vida. Algunos ejemplos de abuso emocional del niño incluyen:

- Rebajar constantemente, avergonzar y humillar al niño.
- Ponerle nombres y hacer comparaciones negativas con otros.
- Decirle al niño que él o ella "no es bueno", "indigno",

"malo", o "un error".

- Gritarle, amenazarlo, o intimidarlo frecuentemente.
- Ignorar o rechazar a un niño como castigo, dándole el tratamiento del silencio.
- Contacto físico limitado con el niño—nada de abrazos, besos, u otras señales de afecto.
- Exponer al niño a la violencia o el abuso de otros, por ejemplo, el abuso de un padre, un hermano, o aún una mascota.

Negligencia para con el niño

La negligencia en el cuidado del niño—una forma muy común de abusar del niño—es un repetido fallar en proveer las necesidades básicas del niño: alimento, ropa, higiene, o supervisión. El niño descuidado no siempre es fácil de detectar. En ocasiones, un padre puede llegar a ser física o mentalmente incapaz de cuidar a su hijo. Otras veces, el alcohol o las drogas pueden impedir seriamente el buen juicio y la habilidad para mantener a un niño seguro.

Los niños mayores pueden no mostrar signos externos de descuido, y en su lugar mostrar al mundo externo una cara aceptable, o asumir el rol del padre. Pero, a fin de cuentas, no se están supliendo las necesidades físicas y emocionales del niño.

El niño abusado físicamente

El abuso físico incluye daño o herida física. Puede ser el resultado de un intento deliberado de lastimar al niño, pero no siempre. Puede ser también el resultado de la disciplina severa, tal como usar el cinturón para castigar al niño, o el castigo físico inapropiado para la edad o la condición física del niño.

Muchos padres y tutores físicamente abusivos insisten en que sus acciones son simplemente formas de disciplina—maneras de hacer que el niño aprenda a comportarse. Pero hay una gran diferencia entre usar el castigo físico para disciplinar y el abuso físico. El objetivo de disciplinar a los niños es enseñarles la diferencia entre lo correcto y lo incorrecto, no hacerlos vivir con temor.

Abuso físico vs. disciplina

En el abuso físico, a diferencia de las formas de disciplina física, están presentes los siguientes elementos:

- Es impredecible. El niño nunca sabe qué es lo que va a hacer explotar al padre. No hay límites ni reglas claras. El niño está constantemente caminando sobre cáscaras de huevo, nunca seguro de qué comportamiento desencadenará el ataque físico.
- Agredir con ira. Los padres físicamente abusivos actúan con ira y el deseo de ejercer el control, no con la motivación de enseñar amorosamente al niño. Mientras más iracundo el padre, más intenso el abuso.
- Usar el temor para controlar el comportamiento. Los padres que son físicamente abusivos a veces creen que sus hijos necesitan temerles para comportarse bien, y usan el abuso físico para "mantener a su hijo en línea". Sin embargo, lo que los niños realmente están aprendiendo es cómo evitar ser golpeados, no como comportarse o crecer como individuos.

Abuso sexual del niño

El abuso sexual del niño es una forma especialmente complicada de abuso debido a sus secuelas de culpa y vergüenza. Es importante reconocer que el abuso sexual no siempre implica contacto físico. Haya o no toque físico, exponer al niño a situaciones sexuales o a material sexual es sexualmente abusivo.

Mientras que las historias de depredadores sexuales en las noticias causan temor, las que son aún más temibles son las del niño que es abusado por alguien a quien conoce y en quien debería poder confiar—familiares cercanos, como padres, hermanos, tíos, primos, etc. Contrario a lo que muchos creen, no sólo las niñas están en peligro. Tanto los niños como las niñas pueden sufrir de abuso sexual. De hecho, puede ser que el abuso sexual de los varones no sea reportado tan seguido, debido a la vergüenza y el estigma.

Aparte del daño físico que puede causar el abuso sexual, el componente emocional es intenso y de largo alcance. Los niños sexualmente abusados son atormentados por la vergüenza y la culpa. Ellos se sienten a menudo responsables por el abuso o creen que de alguna manera ellos mismos lo provocaron. Esto puede llevarlos a odiarse a sí mismos y a desarrollar trastornos sexuales al crecer—por lo general promiscuidad excesiva o incapacidad para tener relaciones íntimas.

La vergüenza por el abuso sexual hace muy difícil que el niño se abra y cuente lo sucedido. Les puede preocupar que otros no le crean, o que se enojen con él, o que cause que se divida la familia. Debido a estas dificultades, son raras las falsas acusaciones de abuso sexual. Por lo tanto, si un niño se abre con usted, tómelo en serio. (Vea el apéndice II para información sobre el perfil de los abusadores sexuales).

Capítulo 4

¿Cuáles son los efectos de las heridas?

En el capítulo 3 vimos los diferentes tipos de heridas. Cada herida tendrá un efecto en la persona abusada y es extraordinaria la variedad de posibles consecuencias. Estos efectos provienen de dos fuentes. En primer lugar está el daño de la herida misma. El abuso lastima y requiere abundancia de amor y atención para que ocurra la curación. En segundo lugar está la multitud de conductas de afrontamiento que usa una persona para sobrevivir la herida y evitar volver a ser lastimada. Para tener una idea más clara de cómo sucede esto, volvamos a la metáfora de la herida física.

Suponga que usted recibió una profunda herida en su brazo. Usted iría a la emergencia para ser atendido. El médico le suturaría, le aplicaría medicamentos y le vendaría el brazo. Durante las próximas semanas usted mantendría la herida limpia, le aplicaría medicamentos y seguiría las indicaciones del profesional médico. Usted protegería la herida para que no se vuelva a abrir, cumpliría con su cita para quitarle las suturas y eventualmente la herida sanaría, dejando sólo una cicatriz para recordarle lo sucedido.

Suponga que no hubiera nadie para ayudarle con esta seria herida. Digamos que alguien fue herido y que ocultó su herida, tratando de vivir su vida como si nada hubiera sucedido. Es muy probable que la herida se infectaría. Si se golpeara en el mismo sitio, la haría sangrar otra vez. Aunque pueda sonar absurdo, sigamos la metáfora y tendremos una visión de lo que puede suceder con las heridas del abuso.

Así que, aquí tenemos esta herida oculta, tratando de ser ignorada. ¿Cuáles son algunas de las cosas que la persona puede llegar a hacer para lidiar con esta herida no atendida?

- Evitar cualquier contacto que pueda causar que se golpee en el mismo sitio.

- Tomar medicamento para calmar el dolor.
- Enfocarse en otras cosas para evitar pensar en la herida (dormir mucho, ver televisión, comer de más, trabajar horas extras, etc.)
- Atender al dolor de otro.

Bien, ya usted tiene la imagen de la metáfora y probablemente ya empezó a aplicar estos conceptos a las heridas del abuso.

Los niños son seres asombrosamente creativos. Cuando se trata del abuso, ellos no tienen muchas alternativas, pero escogen y desarrollan cualquier estrategia defensiva que puedan encontrar para poder superar sus heridas. Muchos de estos sistemas de defensa son cargados hasta la adultez. Es importante honrar la forma en que las personas han tratado de sobrevivir las heridas del abuso. Algunas de estas estrategias de defensa los hieren a ellos mismos y a otros, pero funcionan en su momento.

La siguiente es una lista de las estrategias de defensa que los niños desarrollan para lidiar con las heridas del abuso no atendidas:

1. Minimizar: Hacer de cuenta que lo que ha sucedido no fue realmente tan malo.
2. Racionalizar: Inventar razones para excusar al abusador. “Oh, él no pudo evitarlo; estaba borracho”. “Cuatro niños eran simplemente demasiado para ella. ¡Con razón que no me pudo atender a mí!”.
3. Negación: Poder decir en un nivel subconsciente que lo que está sucediendo o lo que sucedió en el pasado no es cierto. “Si lo ignoro por suficiente tiempo, desaparecerá”. Con frecuencia es más fácil para el niño negar la realidad que enfrentar el hecho de que los adultos que lo rodeaban no le protegieron y que, de hecho, le hicieron daño. Puede que algunos reconozcan el abuso, pero nieguen sus efectos.
4. Olvidar o bloquear: La habilidad de la mente para bloquear el abuso. Esta es una de las maneras más efectivas que tienen los niños para lidiar con el abuso. La mente tiene un tremendo poder de represión. Muchos niños son capaces de olvidar el abuso, aún mientras les está sucediendo.
5. Falta de integración: El sentimiento de estar dividido en más de una persona. Por un lado está la niñita que disfruta de su niñez, y por otro está la niña proclive a pesadillas, que

ve personas escondidas en los rincones de su habitación. En casos de abuso extremo, el resultado puede ser el desarrollo de múltiples personalidades.

6. Dejar el cuerpo: La habilidad de vivir fuera de la realidad, a fin de no sentir lo que les está sucediendo. En su imaginación, el abusado puede dejar su cuerpo y observar el abuso a una gran distancia.
7. Control: La capacidad de hacer lo imposible para mantener sus vidas en orden, especialmente si crecieron en un ambiente caótico. Ellos quieren controlar su ambiente, a sí mismos, y a otros. El perfeccionismo puede ser parte de esta necesidad de control.
8. Caos: La habilidad de mantener el control creando el caos. Si su comportamiento está fuera de control, fuerzan a los que les rodean a dejar lo que estén haciendo para responder a la última crisis. Los sobrevivientes son buenos tanto para resolver como para generar crisis.
9. Espaciado: La capacidad de desconectarse y estar ausente emocionalmente. Esto puede significar hallar un objeto en la habitación y mirarlo fijamente, o aún llevarse por delante paredes, puertas o muebles—porque ellos no están realmente presentes en su entorno.
10. Estar súper-alerta: Capaces de estar siempre super-conscientes de las personas alrededor de ellos, siempre anticipándose a sus necesidades y humor. De niño, estar alerta a cada detalle de su ambiente pudo haberlo salvado de del abuso.
11. Humor: Un sentido del humor crudo y amargo, o actitud cínica, puede ayudarlo a sobrellevar tiempos difíciles. Mientras mantengan a las personas riendo, conservarán una distancia segura. Y mientras sigan riendo, no tendrán que llorar.
12. Mantenerse ocupado: Esta puede ser una forma de evitar los sentimientos. Muchos sobrevivientes viven su vida entera de acuerdo con las listas que escriben cada mañana.
13. Escape: De niño o adolescente, puede que hayan intentado huir. Si eran más pasivos, escapaban a través del sueño, los libros y la televisión. A veces los niños crean fantasías—si no podían permitirse creer que el abuso estaba en verdad

sucediendo, podían inventar una realidad alternativa.

14. Enfermedades: Muchas víctimas combaten los recuerdos y los efectos del daño que les fue causado con respuestas físicas a su dolor interno, tales como el dolor de espalda, del cuello, y dolor de cabeza.
15. Depresión: Para los sobrevivientes es más fácil y se siente más seguro, muchas veces, dirigir el odio hacia ellos mismos en lugar de sentir ira y odio hacia el abusador.
16. Enfermedad mental: Cuando la línea entre la fantasía y la realidad se torna borrosa, se suscitan diversos problemas. Para muchos sobrevivientes "volverse loco" tiene mucho sentido. "Tuve que enfermarme para escapar."
17. Auto-mutilación: Es una forma por medio de la cual los sobrevivientes controlan sus experiencias dolorosas. En lugar de que el abusador los lastime, ellos se lastiman a sí mismos. Algunas veces lo hacen porque el dolor físico distrae del dolor emocional.
18. Intentos de suicidio: A veces el sobreviviente siente que la única opción que le queda es terminar con su propia vida.
19. Dificultades para comer: Anorexia, bulimia y comer compulsivamente son otras estrategias de defensa. Es probable que los sobrevivientes sientan que el estar con sobrepeso les evitará tener que lidiar con avances sexuales. El comer puede ser anestesiante o calmante, ayudando a aliviar su dolor. En cambio no comer puede hacerle sentir que ha retomado el control, en vez de sentirse impotente.
20. Mentir: Cuando a los niños se les dice que nunca hablen acerca del abuso o cuando ellos no quieren que las personas sepan lo que realmente está sucediendo en casa, pueden hacerse adeptos a mentir. Los sobrevivientes a menudo se convierten en mentirosos compulsivos.
21. Robar: Es una actividad totalmente absorbente. Por un breve momento, les permite olvidar todo, incluyendo el abuso. Es una forma de crear distracción o excitación, recreando los sentimientos que experimentaron cuando fueron abusados la primera vez—culpa, terror, o la descarga de adrenalina. Robar es también una forma de desafiar la autoridad, un intento de recuperar lo que le fue robado, de desquitarse. Es también un grito por ayuda.

22. Juegos de azar: Es una forma de mantener la esperanza de que la vida puede cambiar mágicamente. Es la forma de dramatizar de que su suerte puede cambiar y que se hará justicia. Si llega a ganar en grande, finalmente obtendrá lo que le corresponde. El juego también causa una sensación emocionante, creando una forma de escapar de las dificultades y desafíos del diario vivir.
23. Adicción al trabajo: Los sobrevivientes a menudo sienten una necesidad abrumadora de alcanzar grandes logros, para contrarrestar la maldad que sienten escondida en su interior. La excelencia en el trabajo es algo que ellos pueden controlar, además de ser fomentado por esta cultura impulsada por el deseo de la realización.
24. Evitar la intimidad: Si no permiten que nadie se les acerque, nadie puede lastimarlos. "Me mantuve solo y seguro."
25. Religión rígida: La seguridad puede ser hallada sujetándose a un rígido sistema de reglamentos y creencias religiosas. "No me permití dudar. Hice lo que se pidió de mí, sin cuestionar."
26. Buscar o evitar compulsivamente el sexo: Si el abuso fue su único medio de obtener contacto físico cuando eran niños, pueden continuar procurando cercanía sólo por medios sexuales. Pueden llegar a ser promiscuos o tratar de satisfacer las necesidades no sexuales por medio del sexo. También pueden llegar a hacer todo lo posible para evitar la sexualidad. Pueden enajenar sus cuerpos de manera que no respondan sexualmente.
27. Drogas y alcohol: Éstos anestesian el dolor, y crean la sensación de estar vivo o excitado, aunque pueda sentirse "muerto" por dentro.
28. Protectores por excelencia: Los sobrevivientes pueden ser protectores extremistas. Un protector se enfoca en las necesidades y sentimientos de la otra persona en lugar de las suyas propias; valoran ser necesitados porque no pueden imaginar ser queridos. Se obsesionan con los sentimientos de la otra persona e ignoran los suyos propios.

A menudo las personas que han elegido una de estas estrategias experimentan mucha vergüenza y autocensura. En verdad estos comportamientos son hirientes y, por consiguiente, pecaminosos. Sin embargo, debemos ayudar a las personas a tener compasión por sí mismas (y por el niño que una vez fueron) por sobrevivir de manera creativa algunas experiencias hirientes muy dolorosas y difíciles. Una gran parte del trabajo de curación es sustituir algunas de estas estrategias por otras formas saludables dadas por Dios para enfrentar la vida.

Antes de cerrar este capítulo sobre los efectos de las heridas, exploraremos los tres principales sentimientos que experimentan los sobrevivientes: vergüenza, desprecio e impotencia.

La vergüenza consiste en el temor de ser conocido. El miedo a la posibilidad de que si somos conocidos, seremos vistos como indignos e indignos de amor. La vergüenza es un asesino silencioso escondido en la mochila de la negación, afectando cada sentimiento y acción. Todo el mundo ha vivido con el sabor amargo de la vergüenza, pero aquellos que son abusados viven una versión ampliamente intensificada de ella.

La vergüenza comenzó en el Jardín del Edén. Cuando Adán y Eva desobedecieron la ley de Dios, se sintieron expuestos y avergonzados. Se escondieron y trataron de cubrirse a sí mismos. Esta ha sido y sigue siendo una respuesta legítima al pecado. El problema con el abuso es que es el abusador el que debería experimentar la vergüenza, pero debido a que ellos no la reconocen o aceptan, es el sobreviviente quien la absorbe como una esponja.

Aun cuando la víctima es consciente de que la falta o vergüenza le corresponde al abusador, todavía siente vergüenza. La parte más sensible de cada uno de nosotros es la necesidad de ser amado, querido y disfrutado. Cuando esa necesidad es usada y abusada, sentimos vergüenza por querer recibir amor una persona que nos bota como una pieza de ropa sucia.

La vergüenza también es experimentada como temor a ser expuesto. Los sistemas familiares abusivos tienen varias reglas, y una de ellas es "no cuentes a nadie". El abuso es un secreto y se requiere silencio. Si el sobreviviente directa o indirectamente deja salir el secreto, se siente responsable por las consecuencias para el abusador y la familia. Si el sobreviviente habla y la información pasa desapercibida o no es creída, el abusador le hará pagar por romper el silencio.

El segundo sentimiento es desprecio, que es un tipo de condenación hacia el que cause la vergüenza. Desafortunadamente, los sobrevivientes se ven a sí mismos como los causantes de la vergüenza y sienten gran auto-desprecio. Se reprenden a sí mismos por el mínimo percance—perder una llave, un error al escribir o pronunciar una palabra. En otras palabras, la cabeza de una víctima es un vecindario malo para vivir. Este desprecio también puede sentirse hacia otros, tales como el abusador y aquellos a quienes representa el abusador. Por ejemplo, si el abusador es un hombre, entonces todos los hombres pueden ser vistos como despreciables.

Este desprecio puede venir en todos los grados. El desprecio muy severo incluye una seria auto-destrucción física o mutilación. Puede llegar a ser tan serio como el suicidio, o más sutil como comer de forma auto-destructiva. El desprecio severo tiene que ver con la auto-destrucción física. También puede ser dirigido hacia el abusador. La víctima puede tornarse físicamente destructiva para con el abusador de una forma explícita o más sutil. El desprecio moderadamente severo es exhibido por destrucción personal y toma la forma de fantasías violentas hacia uno mismo o sueños de venganza contra el abusador. El desprecio moderadamente severo es el más común y especialmente para las mujeres puede tomar la forma de hablarse a sí mismas emitiendo juicios, tales como desechando sus cuerpos, cabello, ropa, etc. El desprecio moderadamente severo centrado en otros se manifiesta hallando faltas. A menudo esta forma de desprecio se hace de manera silenciosa, en la mente. Sentirse incómodo es también una forma de desprecio, tal como cuando alguien es incapaz de recibir un cumplido. Aquí puede haber un sentido de indignidad (auto-desprecio) o de duda en cuanto a la sinceridad del cumplido (desprecio centrado en otros).[15]

El desprecio es también un comportamiento de auto-defensa, que disminuye la vergüenza; "Si yo me avergüenzo a mí mismo primero, tú tienes menos poder." El desprecio mata la añoranza. Proverbios 13:12 dice: "La esperanza que se demora es tormento del corazón". El sobreviviente ha perdido la esperanza y tiene miedo de abrir su corazón y así el desprecio es una anestesia para los deseos del corazón, o sea "No lo quería de todas formas." El desprecio le da al abusado una ilusión de poder, un sentimiento de tener control sobre el otro o de sí mismo. Finalmente, eso quita el enfoque del problema real (la necesidad de curación) y se enfoca en un asunto periférico.

Sentirse impotente es el sentimiento fundamental para todas las formas de abuso. El abusador le roba a la persona la habilidad para elegir. La víctima estaba impotente en tres formas: 1) No podía acercarse a su familia para que detenga el abuso, 2) no tenía poder para detener el abuso ella misma, y 3) aún después de terminar el abuso, se sintió incapaz de detener el implacable dolor en su alma. Los efectos de sentirse impotente son la desesperación (nada acabará con esta pesadilla) y el entumecimiento (la única forma de sobrevivir al dolor).

La herida sin tratar es cubierta con el vendaje del entumecimiento y, como hemos visto, el abusado utiliza muchos comportamientos para mantener ese adormecimiento. En el próximo capítulo comenzaremos a explorar cómo traer curación a las heridas del abuso.

Capítulo 5

¿Cuál es la primera etapa de la curación?

Ahora que entendemos qué produce una herida y los efectos que tiene en los sobrevivientes, estamos listos para examinar las etapas por las que atraviesa una persona en el proceso de curación. En este capítulo veremos la etapa inicial de la curación.

Volviendo a nuestra metáfora, supongamos que alguien ha tenido una herida por muchos años. La ha mantenido tan escondida que nadie sabe de su existencia. Sus habilidades de afrontamiento aparentemente están funcionado bastante bien. Entonces, ¿qué sucede para llevar a la persona al punto de ocuparse de su herida?

Etapa de emergencia

La primera etapa de la curación es la etapa de emergencia, o de crisis. El vendaje no está funcionando para mantener la herida cubierta y olvidada. Hay muchas cosas que pueden precipitar esta etapa:

- El hijo o la hija del sobreviviente cumple la misma edad que tenía él o ella cuando ocurrió el abuso.
- Acontece una experiencia que refleja la experiencia del abuso.
- La persona se cansa del esfuerzo que requiere esconder las cosas.
- Alguien revela el secreto.
- El abusador muere o se enferma.
- Las estrategias de defensa ya no funcionan.
- Sus relaciones están en crisis como resultado de sus estrategias defensivas.

El vendaje comienza a gastarse y a aflojarse. La herida está rogando ser vista y atendida. Esta es una etapa aterradora y abrumadora para el sobreviviente. Los sentimientos de impotencia durante esta etapa reflejan el abuso. Los sobrevivientes han descrito sus sentimientos como "estando en el centro de un tornado", "como un volcán en erupción", "todas las cosas en mi vida se están desmoronando", o "creo que me estoy volviendo loco". Es preciso asegurar a los sobrevivientes que estos sentimientos son normales y que pasarán.

Es removido el vendaje que ha por años ha estado cubriendo la ulcerada herida. Así como una persona puede utilizar diferentes métodos para remover un vendaje de una herida física, lo mismo ocurre con las heridas del abuso. Algunas personas lo arrancan de un tirón. Otros lo hacen poco a poco, pulgada por pulgada. Algunos intentan cubrirla nuevamente e ignorarla. Sea que ocurra rápido o lentamente, el resultado es el mismo: la herida se hace visible. Ahora pueden "ver" la horrible herida infectada que está necesitando ser atendida.

La etapa de emergencia debe ser atravesada. Esta es una parte normal del proceso de curación. Algunas herramientas que los sobrevivientes necesitan para atravesar esta tormenta son: ser amables consigo mismos, crear un espacio seguro, recordar respirar y sostenerse de la mano de Dios. La fe del sobreviviente es probada durante este período. Las promesas de Dios proveen esperanza; ellos no están solos en medio de la tempestad. En Salmos 31:7 dice: "Tú has visto mi aflicción, y cuidas las angustias de mi alma".

Eligiendo sanar

Algunas veces antes de esta etapa, pero generalmente durante la misma, el sobreviviente es confrontado con una pregunta real: "¿Voy a elegir sanar de las heridas del abuso?" La decisión de sanar es una elección radical, que honra a Dios, y afirma la vida. Es posible que haya estado huyendo de esta herida por años, tal vez décadas. Decidir dejar de huir, quitar el vendaje, mirar la herida y procurar activamente la curación requiere una gran dosis de valor. Esta es una elección muy difícil, pero vital. Los sentimientos de impotencia han sido parte de su experiencia, a menudo de toda su vida. Primero, durante el abuso, fue usado el control y se sintió indefenso. Luego se sintió obligado a ocultar la herida por años y después, durante la etapa de emergencia, se siente forzado a lidiar con una avalancha de sentimientos. La libertad de elección es el único antídoto para los sentimientos de impotencia. Cristo murió por el poder de elección. Los sobrevivientes pueden elegir si sanarán o no. La curación es difícil y dolorosa. Una realidad que ayuda a muchos sobrevivientes es esta: "Tendrás dolor; la pregunta es: ¿elegirás el dolor de la curación o el dolor de la herida ulcerada?". Otra pregunta poderosa para ellos es: "¿Estarías dispuesto a comprometerte con la curación tanto como lo hiciste con sobrevivir y ocultar el abuso?" Elegir la curación puede ser duro, pero al final definidamente vale la pena.

Recordando y creyendo

Recordar el abuso es parte de la etapa de emergencia. Previamente dimos una lista de algunos eventos que pueden precipitarla. Estos eventos tocan la herida y los recuerdos vienen rugiendo a la superficie. Aún si el sobreviviente ha sido consciente del abuso, mucho ha sido minimizado y negado. Sentimientos abrumadores emergen, juntamente con los hechos conocidos. Nuevos recuerdos inundan como un diluvio. Con frecuencia pensamos que los recuerdos son cosas del pasado que "vemos" como una foto o una película. Sin embargo, los recuerdos residen en cualquiera o en todos los cinco sentidos. El abuso causa que los recuerdos se fragmenten o se disocian de forma que afloran a la superficie en pedacitos. Una persona puede llegar a "ver" sábanas ensangrentadas o el picaporte de una puerta girando. Puede que "escuche" un nombre hiriente o a un niño llorando. Puede llegar a "oler" alcohol o sudor, "sentir" terror o dolor en parte de su cuerpo, o "saborear" sangre o semen. Por lo general creemos que los recuerdos residen en nuestro cerebro y en nuestros pensamientos. Sin embargo, los científicos han descubierto que los recuerdos también residen en el cuerpo. Una paciente desarrolló en sus piernas moretones en forma de una mano donde ella había sido golpeada repetidas veces en la niñez. Parece que el cuerpo recuerda lo que la mente quiere olvidar.

Los recuerdos son un "regalo" que asiste a los sobrevivientes, ayudándoles a creer la verdad del abuso. Creer es una parte importante en el proceso de curación. Juan 8:32 dice: "Y conoceréis la verdad, y la verdad os hará libres". A pesar de que esto se refiere a la verdad teológica, considero que también se aplica a la verdad del abuso. He visto pacientes con repetidos recuerdos y sueños. Cuando ellos aceptaban la realidad del abuso, éstos disminuían o se detenían por completo. Parece que los recuerdos tienen la función de traer los secretos a la superficie. Cuando esa verdad es reconocida, hay menos poder en los recuerdos o sueños.

Un ejemplo es una paciente a quien llamaré Sally. Ella tenía sueños de un "hombre de la sombra" girando el picaporte de la puerta de su habitación. Ella se despertaba con pánico. Este sueño se repitió frecuentemente por años. Sally conversó con su hermana acerca de ello y ésta le dijo: "¿No recuerdas que papá entraba a nuestra habitación por las noches para molestarnos?". Después de luchar por un tiempo con esta verdad, Sally la aceptó. Una vez que la aceptó, el sueño del "hombre de la sombra" no se repitió.

Cuando los recuerdos son tan vívidos que el sobreviviente siente otra vez la experiencia abusiva, esto se llama un pantallazo (flashback). Cuando el sobreviviente experimenta un pantallazo, se siente inmerso en la experiencia abusiva del pasado, ya sea como participante o como observador. Los pantallazos son un síntoma del estrés post-traumático (SEPT) y puede ser muy dramático y aterrador. Cualquier experiencia traumática tales como el abuso, los accidentes, desastres naturales, la guerra, etc. puede resultar en un diagnóstico de SEPT.

La curación es un proceso que requiere mucho tiempo y energía. Piense en la recuperación de una gripe o de un fémur fracturado. Usted necesita conservar su fortaleza física, dormir horas extras, beber muchos líquidos, comer bien, y tomar los medicamentos apropiados. Emocionalmente usted se aísla del resto del mundo y se rodea de personas cariñosas, donde usted pueda ser usted mismo. Espiritualmente busca la presencia y el cuidado de Dios. "Con sus plumas te cubrirá, y debajo de sus alas estarás seguro." (Salmos 91:4). Algunas personas tratan de recuperarse sin hacer cambios en el ritmo de sus vidas. Esto no funciona porque la recuperación es demasiado agotadora.

Diciendo la verdad

El viejo vendaje ha sido quitado y la herida está expuesta. Lo que había estado escondido por años ahora es conocido por el sobreviviente y, por lo general, por las personas cercanas a él. Romper el silencio diciendo la verdad es una parte poderosa de la curación, pero no es fácil. Los sobrevivientes se han hecho expertos en guardar silencio. Los abusadores amenazan repetidas veces a los niños abusados con la muerte de un miembro de la familia, una mascota o de ellos mismos si le cuentan a alguien acerca del abuso. El niño puede haber juntado coraje para decírselo a alguien, pero a menudo ellos son llamados mentirosos o aún culpados por el abuso. Frecuentemente el valiente acto de decirlo incrementa el abuso.

Una vez que el sobreviviente decide hablar, la pregunta es: "¿A quién decírselo?" El hablar tiene obstáculos y minas que navegar. Es importante elegir la(s) persona(s) cuidadosamente. Confiar en alguien para que vea su herida y escuche sobre lo que la causó pone al sobreviviente en una situación muy vulnerable. La seguridad y la confianza son elementos claves al compartir el asunto abiertamente. En las primeras etapas de la recuperación, casi siempre es poco sabio para ellos abrirse con el abusador, con alguien que no le haya creído en el pasado, o con alguien que sea protector del abusador. Deben considerar decirlo a un esposo amante, un amigo de confianza y/o a un consejero. Compartirlo con otro sobreviviente puede ser muy terapéutico.

Para un sobreviviente, romper el silencio es como dar un paso en la oscuridad; las consecuencias son impredecibles. Hablar acerca del abuso acarrea considerable vergüenza. Sin embargo, dar ese salto es transformador. Una y otra vez he visto a personas que se arman de valor, y que enfrentan sus temores y comparten su historia. Los resultados son espectaculares. Ya no se sienten solos. La libertad y el alivio toman el lugar de la esclavitud y el agobio.

Ministrando durante la etapa de emergencia

Ayudar a alguien a enfrentarse con los recuerdos es parte del ministerio a los corazones heridos. En primer lugar, es importante "honrar" la memoria. El decir "tal vez sólo te lo estás imaginando" es alimentar su ya activo sistema de negación. Como hemos visto, el cuerpo (a través de la memoria) recuerda lo que la mente quiere olvidar, por lo tanto las memorias deben ser creídas. Cualquier palabra de duda, por pequeña que sea, puede devolver a la persona a su cueva de negación. En todos mis años de consejería, nunca he experimentado que alguien invente el abuso. Cuando no se le cree a la víctima, se le hace más daño de lo que jamás podamos imaginar. Es preferible creerle y equivocarse quizás el 0.001% de las veces.

En segundo lugar, escúchelos con compasión y sin juzgarlos. Hablar sobre los recuerdos y el abuso es útil cuando alguien les escucha bien. Escuchar es una de las herramientas más importantes que usted puede usar al ministrar a los sobrevivientes. Cuán bien usted escucha tiene un gran impacto en la calidad de su relación con ellos. La mayoría de las personas no son buenos oidores. Los estudios revelan que nosotros recordamos sólo 25-50% de lo que oímos. Esto significa que, por lo general, las personas sólo escuchan la mitad de una conversación. Sin duda, cuando ministramos a los corazones heridos, queremos escuchar bien. Esto incluye el escuchar activa y pasivamente. (Vea el Apéndice III). Tal vez uno de los mayores valores de la consejería es escuchar con compasión. Los sobrevivientes a menudo crecen en hogares donde nadie les escucha. Debido a que los padres son las primeras figuras de autoridad que ellos conocen, esto puede poner una brecha entre Dios y ellos. En mi trabajo con sobrevivientes he hallado que a menudo ellos necesitan experimentar que alguien "en persona" les escuche. Entonces serán más capaces de aceptar a Dios como un Oyente Atento.

En tercer lugar, si están experimentando un pantallazo, la cosa más útil que usted puede hacer es ayudarlos a anclarse en el presente. Esto se hace a través de los cinco sentidos. Ellos pueden sentir sus cuerpos pegados a la silla o sostener un pedazo de hielo en su mano. Hábleles y haga que le respondan, o ponga música de alabanza a todo volumen. Hágales oler menta peperina o dar una mordida a un limón. Pídales hacer un inventario de todo lo que les rodea, describiendo los colores o contando los muebles. Intente cualquier cosa que les haga "bajar a tierra" (Vea el Apéndice IV para más detalles acerca del SEPT y los pantallazos.)

La cuarta forma de ministrar a los corazones heridos durante esta etapa es reducir sus cargas, dándoles una ayudar adicional. A menudo ellos se sienten abrumados e irritables. Esto es especialmente cierto en el caso de madres con niños pequeños. Es ciertamente un ministerio de curación darles un respiro para completar alguna de tareas terapéuticas o simplemente para descansar. Si usted le pregunta "¿En qué puedo ayudar?", puede que la persona no sepa qué contestarle. Es más útil preguntar: "¿Ayudaría si yo... (especifique la acción)?", o "Me gustaría... (especifique la acción). ¿Te parece bien?".

Finalmente, éstas son algunas otras formas en las que puede apoyar a los sobrevivientes. Escríbales una nota, diciéndoles que está orando por ellos. Dígale por qué en específico está orando. Usted puede orar textos bíblicos específicos por los individuos, tales como Romanos 15:13, "[Oro porque] el Dios de esperanza te llene con todo gozo y paz en el creer, para que abundes en esperanza por el poder del Espíritu Santo."

Los sobrevivientes también necesitan momento amenos. Haga de las celebraciones una parte regular de su relación con ellos. Celebre sus victorias y sus logros—grandes o pequeños—con una nota, almorzando juntos, una sencilla flor, o algún otro obsequio simbólico.

Especialmente durante esta etapa, sea consciente del poder de su presencia. El sólo hecho de que usted esta allí es estimulante para ellos. Cuando usted está con ellos, les está diciendo que son importantes. El apóstol Pablo cerró su carta a la iglesia de Colosas prometiendo enviarles a su amigo Tíquico "para que conforte sus corazones." (Col. 4:8)

¿Cuál es la primera etapa de la curación?

Capítulo 6

¿Cuál es la segunda etapa de la curación?

En el capítulo 5 examinamos la etapa de emergencia del proceso de curación. En este capítulo examinaremos lo que sigue una vez que el vendaje es removido y la herida es expuesta. Siguiendo con nuestra metáfora de la herida física, lo primero que sucedería luego de remover el vendaje es una evaluación. Haríamos preguntas tales como: ¿Qué clase de herida es esta? ¿Qué la causó? ¿Qué clase de tratamiento requiere?

Desbridando falsas creencias

Una herida física sin atender estaría en terribles condiciones. Habría infección y tejido muerto putrefacto. Generalmente, el primer tratamiento sería desbridamiento, lo cual es descrito como "extirpación de tejido muerto, dañado, o infectado para mejorar el potencial de curación del tejido sano residual."[16] Aplicando esto a la herida emocional, podemos considerar las creencias erradas o falsas que los sobrevivientes desarrollan a causa del abuso. Nuestras creencias vienen de nuestras experiencias. Los niños que crecen en un hogar peligroso creen que el mundo es un lugar peligroso. De esta manera, si el mundo es peligroso, yo estaría temeroso. Los sentimientos son el resultado de nuestras creencias. Yo puedo tener diferentes maneras de lidiar con ese temor, por ejemplo, con bravuconería, siendo excesivamente vigilantes, o ejerciendo excesivo control. Un trabajo importante de curación para el sobreviviente es identificar y desechar creencias muertas y erróneas. Examinaremos tres de las creencias más dañinas que envenenan al sobreviviente.

Todo abuso es en el fondo abuso espiritual, de manera que la primera de las principales creencias erróneas se centra en la relación con Dios.

Las falsas creencias acerca de Dios son numerosas. Algunos de los sentimientos que resultan de estas creencias son el temor y a veces la ira. Los sobrevivientes pueden creer que Dios es impotente o que no pueden confiar de que Él puede escucharlos. "Si Él no pudo detener el abuso, ¿por qué debería yo confiar en Él ahora?" "Dios simplemente no es tan poderoso como la gente piensa". Pueden creer que Él es un Dios vengativo, que los "liquidaría" si hacen algo mal. "Yo merezco ser castigado". Dios puede parecer manipulador al igual que el abusador. "Si yo no hago lo que Él dice, me hará pagar." Otra creencia errónea es que Dios es un dios caprichoso. "Siempre siento como que hay algo malo al doblar la esquina". "Paso mi tiempo esperando que suceda lo inevitable." Puede que sientas que Dios los ha abandonado. "Si a Él realmente le importara, me hubiera protegido". Si el abuso fue perpetrado por un religioso, puede que crean que la iglesia es igualmente abusiva. Si el sobreviviente intentó decirle a alguien de la iglesia y la persona ignoró el abuso, puede que parezca que a la iglesia no le importa.

La segunda de las principales creencias erróneas es que el abuso fue su culpa o que pudieron haberlo detenido. De esta creencia resultan sentimientos de culpa y vergüenza. A menudo los abusadores les dicen a los niños que ellos son responsables por lo que les está pasando. Un abusador le rogó al niño que le hiciera detener el abuso, mientras continuaba perpetrándolo, mostrándole así a la mente infantil que era su culpa. Es difícil para los niños creer que alguien a quien ellos aman (especialmente un padre) es defectuoso. De esta manera, si algo erróneo o malo está sucediendo, ellos lo ven como su culpa. Los sobrevivientes dicen: "Yo era un niño tan malo, que ellos tuvieron que disciplinarme de esa forma", "A mí me gustaba la atención así que debo haber querido que sucediera", o "Yo era mayor y debería haber tenido más juicio". El abuso nunca es culpa del niño. Aún si una muchacha de catorce o quince años se vistiera provocativamente y se le "tirara" a su padre, es su deber resistir. Es injusto esperar que los niños se protejan a sí mismos. Es siempre la responsabilidad de los adultos tratar a los niños con respeto. Jesús dijo palabras muy fuertes sobre esto: "Y cualquiera que haga tropezar a alguno de estos pequeños que creen en mí, mejor le fuera que se le colgase al cuello una piedra de molino de asno, y que se le hundiese en lo profundo del mar". (Mat. 18:6)

En tercer lugar, los sobrevivientes creen que son indignos, malos y defectuosos. "Soy malo por ser la causa de los problemas de mi familia". "Me odio a mí mismo". Esta creencia resulta en vergüenza y temor. La vergüenza es diferente a la culpa. La culpa generalmente deriva de lo que hacemos y consideramos malo, pero la vergüenza se trata de quién somos. El sentido de vergüenza de los sobrevivientes permea su vida y sus relaciones. Temen que otros confirmen lo poco valiosos que ellos creen que son. Como un medio de control, el abusador puede haberle dicho que no es bueno, que es despreciable o estúpido, haciéndole de ese modo esclavo de cualesquier palabras o acción de aprobación de parte del abusador. Durante su recuperación, se le pidió a una sobreviviente mirarse al espejo y decir una cosa que le gustaba de ella misma. Ahogándose en un mar de lágrimas, no pudo pensar en nada.

Especialmente para los sobrevivientes de abuso sexual, estos sentimientos de desprecio y vergüenza están ligados a sus cuerpos. Ven su cuerpo como sucio y vergonzoso. Si había placer físico relacionado con el abuso, estos sentimientos y creencias sólo se intensifican. Usted no puede detener a su estómago en el proceso de digerir un sándwich. Es la fisiología del cuerpo. De la misma forma, usted no puede impedir que su cuerpo responda a la estimulación sexual, incluso cuando no es deseada o es violenta. La respuesta sexual no significa que el sobreviviente fuera de ninguna manera responsable.

Ministrando a los corazones heridos durante la etapa de desbridamiento

El mayor trabajo en esta etapa de la curación es confrontar las falsas creencias dañinas. Un modelo sencillo para entender por qué es tan importante cambiar estas creencias es el siguiente:

Experiencias = Pensamientos o creencias = Comportamientos y Sentimientos

Esto es lo que sucede. Las experiencias no pueden ser cambiadas; son una realidad. Los comportamientos y sentimientos son el resultado directo de los pensamientos y las creencias. Entonces, la única esperanza para una verdadera transformación es cambiar los pensamientos y las creencias. Lo que acabamos de exponer sobre las creencias se llama en los círculos de consejería terapia cognitiva. Sea o no usted un terapeuta, puede hacer mucho para ayudar a los sobrevivientes a confrontar y cambiar estas creencias falsas y dañinas. Al observar algunos conceptos bíblicos podremos ver con más claridad la razón por la cual esta es una parte tan importante en el proceso de curación del abuso.

Las Escrituras afirman: "Porque cual es su pensamiento en su corazón, tal es él" (Prov. 23:7). Sería difícil para alguien que cree que es despreciable y malo tener cualquier otro sentimiento que no sea vergüenza. Las Escrituras nuevamente afirman este principio: "Todo lo que el hombre sembrare, eso también segará" (Gál. 6:7). Si sembramos creencias negativas, cosecharemos sentimientos negativos y hasta que las creencias sean cambiadas, los sobrevivientes estarán atrapados en sentimientos destructivos perjudiciales. La única forma de salir de este "mal vecindario" que es la cabeza del sobreviviente es a través del cambio de pensamientos y creencias. La mejor forma de hacer ese cambio es a través de la Palabra de Dios. "Nosotros todos, mirando a cara descubierta...somos transformados..." (2 Cor. 3:18)

Refutar estas funestas creencias sólo puede ser logrado a través de Cristo y de Su Palabra. Podemos ministrar a los sobrevivientes compartiendo las verdades de Dios. Los sobrevivientes necesitan escuchar tres clases de verdad de las Escrituras para refutar las nocivas creencias resultantes del abuso. Entender el verdadero carácter de Dios es la primera verdad. Segundo, su gran compasión por los oprimidos y su ira hacia el opresor. El tercero, cuánto Dios nos valora y nos ama a nosotros, sus hijos. Aquí hay algunos textos sanadores de la Palabra de Dios que expresan estas verdades. Yo sé que usted será capaz de pensar en muchos más mientras ora y trabaja con los sobrevivientes.

- Jeremías 31:3 – "Con amor eterno te he amado; por tanto, te prolongué mi misericordia".
- Isaías 43:1 – "Ahora, así dice Jehová, Creador tuyo, ...y formador tuyo...No temas, porque yo te redimí; te puse nombre, mío eres tú."
- Romanos 8:35, 37-39 –"¿Quién nos separará del amor de Cristo? ¿Tribulación, o angustia, o persecución, o hambre, o desnudez, o peligro, o espada? (podemos añadir aquí abuso). Antes, en todas estas cosas somos más que vencedores por medio de Aquel que nos amó. Por lo cual estoy seguro de que ni la muerte, ni la vida, ni ángeles, ni principados, ni potestades, ni lo presente, ni lo porvenir, ni lo alto, ni lo profundo, ni ninguna otra cosa creada nos podrá separar del amor de Dios, que es en Cristo Jesús Señor nuestro."
- Paráfrasis de 1 Corintios 13:4-7 sustituyendo por la palabra "amor" por "Dios", porque Dios es amor (1 Juan 4:8) "Dios es sufrido; Dios es benigno; Dios no es envidioso, ni jactancioso, ni arrogando. Dios no hace nada indebido, no insiste en su propia voluntad; no se irrita ni es rencoroso; no se goza de la injusticia, más se goza de la verdad. Todo lo sufre, todo lo cree, todo lo espera, todo lo soporta."

La Palabra de Dios es en verdad la mejor fuente para cambiar los pensamientos y creencias que a su vez producirán cambios de comportamientos y sentimientos. Los sobrevivientes necesitan desesperadamente sentir el amor de Dios expresado hacia ellos. Al ayudarles a confrontar sus falsas creencias, debemos trabajar cuidadosa y respetuosamente. Ellos deben saber que creemos en ellos y que confiamos en su curación.

Para los sobrevivientes, creer que Dios los abandonó porque no detuvo el abuso es un problema mayor. Al ministrarles sobre este asunto, nunca debemos excusar el pecado del abuso. Siempre es inexcusable. Además, cuando un sobreviviente usa las palabras: "¿Por qué sucedió?", o "¿Por qué Dios permitió esto?", a menudo lo mejor es estar presente y escuchar. Puede que ellos no estén pidiendo una respuesta, sino que sólo necesitan a alguien que escuche su dolor.

Si ellos están realmente están esperando una respuesta sobre el asunto (y es correcto preguntarles si están pidiendo tu opinión), entonces hay algunas cosas que podemos compartir. Por ejemplo, el abuso es sólo una de las muchas crueldades que ocurren diariamente en nuestro mundo de pecado. Enfermedad, accidentes, crímenes, guerras, hambre, terremotos, tormentas y cosas semejantes son casos comunes. Dios creó un mundo perfecto y colocó a Adán y a Eva en el paraíso. Le dio a Adán dominio sobre él. Eva escogió creer la mentira de Satanás en lugar de la verdad de Dios. Adán la siguió en su obediencia a Satanás y, por consiguiente, le otorgó a Satanás el dominio sobre el mundo que Dios le había entregado. Satanás se convirtió en el actual dios de un sistema mundial que opera con avaricia, poder y lujuria, e introdujo el pecado, la enfermedad y la muerte, "y el mundo entero está bajo el maligno" (1 Juan 5:19). Jesús dijo que en el mundo tendríamos aflicción (Juan 16:33). Las Escrituras contienen muchas promesas, pero estas promesas se tratan de un Dios que estará con nosotros en nuestro dolor; no necesariamente escudándonos de él. Por ejemplo, "Aunque ande en valle de sombra de muerte, no temeré mal alguno, porque tú estarás conmigo". (Salmos 23:4)

La última verdad, y la más importante, es que Jesús murió por la soberanía de la voluntad humana. Dios les permite a las personas elegir. Desearíamos que las personas no eligieran abusar de otros pero lo hacen y, al final, ellos cargarán las consecuencias de esa elección. La tragedia es que personas inocentes son lastimadas en el proceso. Los sobrevivientes no tuvieron poder alguno para detener las elecciones de sus abusadores. Las buenas noticias son que ellos pueden elegir buscar curación en Dios, el Gran Sanador y Amante de todos.

Estudie la Palabra y Dios le mostrará muchos textos poderosos para combatir las falsas creencias mientras ministra a los corazones heridos. En Romanos 4:18 hay una maravillosa promesa para cuando alguno se siente sin esperanza y abrumado. El sobreviviente puede personalizarlo poniendo su nombre en el espacio en blanco. "Cuando parecía imposible, ______________________ (nombre del sobreviviente) creyó de todas formas, decidiendo vivir no en base a lo que veía que no podía hacer, sino en lo que Dios dijo que Él haría". (Mensaje)

Drenaje y limpieza

Después de desbridar, el drenaje y la limpieza son los próximos pasos necesarios para curar una herida. Continuando con nuestra metáfora, esta etapa de la curación se trata del duelo. El hacer duelo es siempre una parte del proceso de curación. El sobreviviente necesita entender lo que fue perdido, quitado o destruido. Las siguientes son algunas pérdidas relacionadas con el abuso:

- Pérdida de los sentimientos (cuando los sentimientos dolorosos son enterrados, los gozosos y amorosos también son atenuados).
- Pérdida de la inocencia.
- Pérdida de protección y seguridad.
- Pérdida de tiempo y dinero mientras sanan del abuso.
- Si el abusador fue un miembro de la familia, pérdida de intimidad y amor con esa persona.
- Pérdida de energía por los años pasados escondiendo la herida.
- Pérdida del cuadro que pudieron haber tenido de lo que es una familia feliz.

Hay muchos más pérdidas relacionadas con el abuso; el duelo es muy personal y único para cada persona.

Hay dos importantes hallazgos sobre el duelo y la pérdida, de acuerdo con las investigaciones realizadas por William Worden y el Harvard Bereavement Study (estudio de Harvard sobre el duelo).[17] El primer hallazgo declara que cuando alguien ha sufrido una muerte o pérdida, esa persona debe hacer duelo. Cuando el duelo no se lleva a cabo, se retrasa o enmascara, hay consecuencias relacionadas con estrés físico y emocional. El dolor sepultado envenena y limita la capacidad para gozar y la espontaneidad en la vida. El segundo hallazgo es que hay cuatro tareas relacionadas con el duelo. Estas tareas son relevantes para los sobrevivientes que están atravesando esta etapa.

La primer etapa es la de aceptar la pérdida. Los sobrevivientes necesitan darse cuenta de que han perdido muchas cosas a causa del abuso. Cuando acepten la realidad del abuso y las pérdidas que lo acompañan, la negación, racionalización y minimización se desvanecerán. Ellos comienzan a ver cuánto han sido afectados por lo sucedido. Entonces pueden pasar a la segunda tarea, que es la de sentir el dolor de la pérdida. Los sobrevivientes no pudieron realizar esta tarea cuando eran niños. Los sentimientos de agonía, terror y furia, sin apoyo, hubieran sido demasiado devastadores y difíciles de sobrellevar. Sin embargo, los sentimientos reprimidos son sentimientos no resueltos. Las expresiones de dolor, tristeza e ira permiten la descarga y la liberación. El duelo tiene su propio ritmo y las personas pueden pasar rápidamente de un sentimiento a otro durante esta etapa. El simple hecho de decir "Bueno, ahora voy a hacer duelo" no parece funcionar. En cambio, se necesita crear un espacio para el duelo (pero sin forzar), lo cual le permita salir a la superficie. Esta labor es la de "drenar y limpiar la herida".

Los sobrevivientes bloquean los sentimientos relacionados con el abuso, y a menudo dicen que se sienten muertos por dentro. Estos sentimientos fueron bloqueados en el momento que comenzó el abuso de modo, que cuando los sentimientos comienzan a salir a la superficie, pueden ser muy fuertes y primitivos. Una sobreviviente que estaba atravesando la segunda tarea en el proceso del duelo lo describió de esta manera: "Cuando comencé a sentir tristeza, me sentí como una niña". Otra persona dijo: "Sentí que si me echaba a llorar, lloraría por el resto de mi vida". GRANDES emociones forman parte central del proceso del duelo.

Los sentimientos pueden no sólo ser abrumadoramente poderosos, sino que también pueden ser confusos. Si el abuso fue perpetrado por un ser amado, el sobreviviente puede sentir intenso amor y fuerte odio hacia él. Es muy difícil reconocer, sentir y expresar la realidad de experimentar al mismo tiempo dos sentimientos muy fuertes y aparentemente opuestos.

Las tareas tres y cuatro se llevarán a cabo en la siguiente etapa de curación. La tercera tarea es la de acostumbrarse a los cambios relacionados con la pérdida. Esto puede incluir cosas como cambios en la estructura familiar o la relación con el abusador, especialmente si son los padres u otros familiares cercanos. La cuarta tarea es la de retirar energía de la pérdida o el abuso, reinvirtiéndola en otras personas o cosas.

Ministrando durante la etapa de drenaje y limpieza de la curación

Los sentimientos de dolor pueden ser muy intensos. Las personas que están sumidas en el dolor no necesitan palabras, sino toque y presencia. Sentarse con alguien mientras hacen duelo, sostener su mano y escuchar su dolor; este es el trabajo importante del ministerio. Muchos ayudadores se incomodan ante el dolor y tratan de "arreglarlo". Recuerdo cuando mi hijo de edad adulta experimentó una gran pérdida. Yo quería levantarlo y besar su "herida" y hacer que todo estuviera bien. Por supuesto que yo no podía hacer eso, pero aún si hubiera podido, no hubiera sido lo correcto. Las personas que han experimentado una muerte o pérdida deben, por el bien de su salud, hacer duelo. Nosotros los perjudicamos si tratamos de evitarlo. Parte del trabajo de preparación para ministrar a los corazones heridos es enfrentar nuestras propias penas y nuestros dolores, de modo que podamos estar disponibles para ayudarles.

La ira es un sentimiento particularmente difícil para muchas personas y especialmente para los cristianos. La Biblia instruye con respecto a la expresión de la ira. Muchos sobrevivientes encuentran muy útil el libro de los Salmos. Parece que David fue un experto en el duelo. Él fue una personal auténtica y sus sentimientos fueron genuinos y puros. Una y otra vez denunció la injusticia y el abuso, y luego regresaba a esto: "Dios, no lo entiendo, pero confío en Ti".

Efesios 4:26 dice: "Airaos, pero no pequéis." La ira es una emoción que no es ni correcta ni equivocada; no es buena ni mala. Lo que hacemos con la ira es lo que causa el pecado. Los sobrevivientes necesitan estar airados con el abuso. A Dios le enfada el abuso. Sin embargo, en la expresión de su ira no deben herirse a sí mismos ni a otros. Una forma útil de expresar la ira es escribir una carta sin censura, pero no enviarla. Pueden leérsela a alguien (o no) y entonces quemarla o hacerla tiras. Yo he visto a sobrevivientes tirar piedras sobre un acantilado, despedazar una guía telefónica, pegarle a una almohada, o echarse sobre una cama y hacer un berrinche. He visto a sobrevivientes airarse con el abusador, con la persona que sabía del abuso y no lo detuvo, con aquellos que debieron haberlo sabido, y aún con Dios.

Las personas que ministran esperanza necesitan aceptar la ira de la persona. Cuando alguien está profundamente herido, la ira es una respuesta humana natural. Jesús se airaba cuando las personas herían a otros. Un sobreviviente dijo: "Cuando estoy airado, es porque sé que soy alguien por quien vale la pena estarlo.". Algunos sobrevivientes temen que si se aíran, Dios los va a abandonar. Necesitamos ser capaces de asegurarles que Dios es más grande que la ira y que Él los sostendrá en la palma de su mano mientras ellos se enfurecen. A veces las personas temen que permanecerán atascadas en su ira. Lo que yo he visto en mi trabajo con los sobrevivientes es que si ellos siguen expresándose, atravesarán estos sentimientos hasta llegar al otro lado. En el proceso, llegarán a tener más vigor para expresar la gama completa de sentimientos a nuestra disposición como hijos de Dios. Cuando las personas continúan reprimiendo los sentimientos de ira, viven en un estado crónico de ira (mínima o considerable). A menudo está justo debajo de la superficie. Puede que ellos no se den cuenta pero otros, especialmente sus hijos, lo perciben. Es como vivir con un volcán. Usted nunca está seguro de cuándo estallará, pero sabe que está hirviendo debajo de la superficie.

Dios desea que seamos auténticos y que traigamos todas nuestras cargas, incluyendo nuestra ira, a Él. Es inútil ser deshonesto con Dios. Él ya sabe lo que sentimos. Dios dice: "Ven a mí así como eres, y cuéntamelo." Su promesa es que Él me alcanzó "desde lo alto y me tomó; me sacó de las muchas aguas. Me libró. Me sacó a lugar espacioso. Me libró porque se agradó de mí". (2 Samuel 22:17, 18, 20)

Capítulo 7

¿Cuál es la tercera etapa de la curación?

Siguiendo la metáfora de la herida, hemos explorado el descubrimiento, evaluación, desbridamiento, drenaje y limpieza de la herida. El próximo paso sería la aplicación del tratamiento curativo. La herida necesitaría alguna clase de medicina para promover la curación. De todas las personas, los sobrevivientes están entre los que más necesitan desesperadamente la aplicación de bálsamo curativo en sus heridas. Luego de sufrir y luchar con el dolor del abuso por años, es un alivio sentir el suave bálsamo. Hay una hermosa promesa acerca de la curación en Santiago. He agregado algunas palabras para adaptarla a los sobrevivientes." ¿Estás dolido? Ora. ¿Te sientes alegre? Canta. ¿Estás enfermo (herido)? Llama a los líderes de la iglesia (compañeros sobrevivientes y personas de soporte) para orar juntos y para que te unjan con aceite (bálsamo curativo) en el Nombre del Maestro. La oración de fe te sanará, y Jesús te levantará. Y si has pecado, serás perdonado—sanado por dentro y por fuera". (Santiago 5:13-15 Message)

El bálsamo curativo se aplica de diversas maneras: cuidado personal, límites, perdón y nutrición espiritual.

Bálsamo curativo del cuidado personal

Los sobrevivientes se distinguen por no cuidarse a sí mismos. Ellos se sienten indignos del cuidado personal o ignorar sus propias necesidades, enfocándose completamente en las de otros. Aprender y practicar el cuidado personal es importante porque el proceso de curación consume mucha energía y vigor. Cuando estamos enfermos físicamente (como cuando estamos sanando de una herida quirúrgica), necesitamos cuidados adicionales, tales como dormir suficiente, tomar líquidos, comer bien, etc. Esta necesidad de cuidado físico también está presente cuando estamos sanando de las heridas del abuso.

Los sobrevivientes no se cuidaron muy bien cuando eran niños. Parte del trabajo de curación y restauración es aprender cómo darse a sí mismos cuidado físico, emocional, cognitivo y espiritual. Hay un concepto del "niño interno" que es parte de muchos modelos de recuperación. La premisa básica es que el niño que fuimos una vez es aún parte de nuestra experiencia. En realidad, cada experiencia y cada edad de lo que alguna vez hemos sido es parte de quiénes somos hoy—para bien o para mal. Para el sobreviviente, aprender a cuidar esa parte de ellos lastimada, herida, vulnerable, cicatrizada, es aplicar bálsamo curador.

Nosotros tendemos a tratar a nuestro niño interior de la misma forma en que fuimos tratados. Para el sobreviviente esto puede significar ser negligente de su necesidad física de descanso, alimento o cuidado médico. Un sobreviviente dijo: "Yo he estado tan alejado de un toque con mi cuerpo, que terminaría realmente enfermo y no habría notado los síntomas hasta que fueran severos, y aún entonces me mantendría empujándome a mí mismo".

Los sobrevivientes también se tratan emocionalmente a sí mismos en la misma forma en que fueron tratados. Todo el mundo hace algo llamado hablarse a sí mismo. Este es un monólogo interno operando usualmente justo debajo de nuestra consciencia alerta. Nosotros pronunciamos aproximadamente 100-150 palabras por minuto, pero nuestra conversación interior mueve de 600-800 palabras por minuto. Tendemos a hablarnos a nosotros mismos en la misma forma en que nos hablaron. Los sobrevivientes a quienes les gritaban, les ponían sobrenombres y les dijeron que eran estúpidos, por ejemplo, se hablan a sí mismos de la misma manera. Cuando trabajo con los pacientes, les he pedido ser cuidadosos con su conversación interior. Regresan horrorizados de las cosas que se dicen a sí mismos. Imagine cómo sería para ellos. ¿Cómo sería si alguien le siguiera a usted todo el día diciéndole todas esas cosas negativas? Mantener un espíritu alegre y feliz sería muy difícil. Parte del trabajo de curación es cambiar ese flujo continuo de perturbadores mensajes desagradables.

Ministrando con el ungüento sanador del cuidado personal

Mientras aplicamos el bálsamo sanador del cuidado personal a los sobrevivientes, nosotros también debemos practicar cuidado personal. Esto es importante por dos razones. Primero, ¿Cómo puede usted enseñar cuidado personal si no lo está practicando? Nuestro ejemplo es una gran parte de nuestro ministerio. Segundo, y aún más importante, el trabajo de ministrar es difícil. Dar de usted mismo en esta forma requiere fortaleza física, emocional, cognitiva y espiritual. Si usted no se está cuidando a sí mismo, está descalificado. Las personas hablan de Jesús como nuestro ejemplo. Mencionan cómo Él permaneció de pié toda la noche y trabajó todo el día. Recuerde que el ministerio de Jesús a este ritmo duró tres años y medio. Los discípulos de Jesús necesitaban aprender cómo trabajar y cómo descansar (cuidado personal). Hoy nosotros necesitamos escuchar el mandamiento de Cristo: "Venid vosotros aparte a un lugar desierto, y descansad un poco." (Marcos 6:31) A mí me gustan especialmente las palabras de Jesús en la paráfrasis de Message de Mateo 11:29, 30: "Ven a mí. Escápate conmigo y recuperarás tu vida. Te voy a mostrar cómo tomar un verdadero descanso. Camina conmigo y trabaja conmigo—mira cómo lo hago. Aprende los ritmos no forzados de la gracia. Yo no pondría nada pesado o desarreglado en ti. Mantén tu compañerismo conmigo y aprenderás a vivir libre y ligeramente." (Message)

El Apéndice V incluye una lista de cosas que son parte del cuidado personal. Esto será útil en su trabajo con los sobrevivientes, pero yo le sugiero hacer un inventario personal y ver cómo usted lo está haciendo en estas áreas de cuidado personal. Jesús dijo: "De gracia recibisteis, dad de gracia." (Mat. 10:8) Jesús les hablaba a sus discípulos, quienes habían pasado tiempo de nutrición con El. Si nosotros no recibimos (nutrición), no podemos dar (nutrición).

Hasta ahora, los sobrevivientes han intentado cuidarse a sí mismos. Todas las estrategias que han usado para lidiar con el abuso discutidas en el capítulo cuatro son intentos de cuidado personal. Ellos pueden ser afirmados en sus intentos y llevados suavemente a una forma más saludable de nutrir su cuerpo, mente y espíritu.

Parte del trabajo de los sobrevivientes es aprender que son valiosos a los ojos de Dios y que Él afirma su necesidad de cuidado personal. Con frecuencia los sobrevivientes piensan que el cuidado personal es egoísmo. La verdad es que Dios nos da la vida y nos dice que seamos buenos mayordomos. Esto significa que tomamos cuidado de nosotros mismos para la gloria de Dios. Somos el templo de Dios y el lugar en que nos conectamos con el Espíritu Santo. Un templo dilapidado, destruido, abandonado no sería un buen lugar para el culto a Dios."¿No sabes que tu cuerpo es templo del Espíritu Santo, el cual está en ti, que lo tienes de Dios y que no eres tuyo? Porque fuiste comprado por precio; por tanto, glorifica a Dios en tu cuerpo y en tu espíritu, los cuales son de Dios."(1 Cor. 6:22).

Hemos sido comprados por un costoso precio y eso nos hace preciosos. La palabra precioso significa: "de gran valor; no para ser desechado o tratado descuidadamente".

Pablo escribió algunas poderosas palabras a los tesalonicenses. Yo las he parafraseado en un orden diferente de los versos y las he cambiado a primera persona. "Estoy aprendiendo a apreciar y a dar dignidad a mi cuerpo, no abusando de él. Dios, tú no me has invitado a una vida desordenada, desarreglada, sino a algo sagrado y hermoso—tan hermoso por dentro como por fuera. Yo elijo mantenerme haciendo lo que te agrade, no en un pesado caminar religioso obstinado, sino en una viviente danza espiritual. " (1 Tes.4:4, 7 y 1 Message)

El bálsamo sanador de los límites

Los límites son una parte importante del cuidado personal. Estos incluyen nuestra vida interior: sentimientos, deseos, necesidades, pensamientos, creencias, intuiciones, decisiones, elecciones, etc. Los límites físicos incluyen tocar, cercanía física, comportamiento sexual, privacidad (correo, periódicos, puertas, espacios privados, desnudez), ropas, regalos, alimentos, propiedades, dinero, tiempo y energía. Todos estos son individuales para cada persona.

Los doctores Cloud y Townsend en su libro fundamental acerca de los límites hablan sobre tres principios relacionados con los límites.[18] El primer concepto es "yo y no yo". Siendo creados a la imagen de Dios significa que yo tengo mayordomía sobre mi vida. ¿Qué significa eso? ¿De qué soy yo responsable? Necesitamos saber a qué se refiere cuando Dios dice: "Aquí está tu vida, atiéndela y mantenla". Proverbios 14:10 dice: "Cada corazón conoce su propia amargura; y nadie más puede compartir totalmente su alegría". Sabiendo lo que soy yo y no yo me da clara información acerca de por qué soy y por qué no soy responsable. Por ejemplo, nosotros no poseemos los sentimientos de otras personas y ellos no poseen los nuestros. No se nos pide cambiar o controlar a otros, aunque se gasta mucho tiempo y energía tratando de hacerlo.

El segundo concepto fluye del primero. Somos responsables por otros y por nosotros mismos. Gálatas 6 tiene lo que al principio parecen dos mandamientos contradictorios. El verso 2 dice:"Sobrellevad los unos las cargas de los otros, y cumplid así la ley de Cristo". Por otro lado, el verso 5 dice: "Porque cada uno llevará su propia carga". Si entendemos el significado griego de las palabras carga y peso, estas instrucciones, aparentemente contradictorias, se harán claras. Carga es definida como una abundancia de peso. Esto sería como una gran carga tan pesada que no hay manera de que nadie pueda cargarla solo. Cuando alguien está enfermo (recuperándose de las heridas del abuso) o ha experimentado una gran pérdida, la carga es demasiado pesada para cargarla solo. Otros se colocan al lado para ayudar a llevar la carga. El término peso podría ser definido como una mochila. Usted es responsable por cargar su propia mochila para los deberes del día. Tal vez usted ha conocido personas que tratan de hacer a otros responsables por su mochila o por el contrario personas que no desean ayudar a otros a llevar una carga pesada. Es un alivio saber que yo soy responsable por mi propia mochila y no por la de nadie más. ¡Cuando cargamos la mochila de otro le hacemos un gran daño! ¡Le robamos! Por otro lado, ¡qué alegría saber que puedo ser responsable con (no por) alguien que tiene que llevar una pesada carga!

El tercer concepto es acerca de "bueno adentro y malo afuera." Proverbios 4:23 dice: "Sobre todo, guarda tu corazón, porque todo lo que haces fluye de él." Guardar algo significa que usted mantiene lo bueno adentro. Si usted estuviera guardando ovejas, no las dejaría salirse de su propiedad. Usted no sólo mantendría lo bueno adentro, sino que invitaría a entrar lo bueno de afuera. Usted le permitiría entrar al camión trayendo granos para alimentar a las ovejas. Guardar también significa mantener afuera algo malo. Usted mantendría afuera los predadores de las ovejas. De esta manera, lo bueno adentro y lo malo afuera. El abuso cambia esto patas arriba. Los sobrevivientes se encierran a sí mismos fuera de lo bueno y se abren a sí mismos a lo malo porque eso es lo que experimentaron mientras crecían. Revertir este proceso es parte del bálsamo curador del cuidado personal. ¡Deja que lo bueno entre y mantén lo malo afuera!

De acuerdo a Nina Brown, hay cuatro tipos principales de límites psicológicos:[19]

- Suave—una persona con límites suaves confluye con los límites de otra persona y es fácilmente manipulada.
- Esponjoso—Una persona con límites esponjosos es una combinación de tener límites suaves y rígidos. Está inseguro de qué permitir entrar y qué mantener afuera.
- Rígido—Una persona con límites rígidos está encerrado de tal forma que nadie puede acercarse a él/ella ni física ni emocionalmente. Este es a menudo el caso cuando alguien ha sido abusado física, emocional, psicológica o sexualmente.
- Flexible—Este es el ideal. La persona decide qué dejar entrar

y qué mantener afuera, es resistente a la manipulación y es difícil de explotar.

Una gran parte de los límites saludables es la habilidad de decir sí y no. Jesús, hablando acerca del juramento en el Sermón de la Montaña dijo: "Sea vuestro sí, sí, y vuestro no, no" (Mat. 5:37) El estaba diciendo: "Sólo di la verdad." Ser capaz de decir "No" es parte de definir nuestros límites. Los niños pequeños dicen "no" muchas veces y en voz alta. Esto les ayuda a definir sus deseos y necesidades y es una parte del desarrollo saludable. Avergonzar a los niños por decir "No" atrofia su habilidad para poner límites. Afirmar a los niños por decir "No" y permitirles hacer las elecciones que puedan les hará dar un gran adelanto en el avance hacia el saludable cuidado personal. Déjelo decir: "No, yo no quiero ponerme esa camisa" o "No, no me gusta el brócoli."

"No" es una palabra pequeña, solamente dos letras, pero muy poderosa. Muchos cristianos se sienten culpables cuando dicen "No"; entonces dicen "Sí" y no quieren decir eso. Un paciente dijo: "Yo nunca podía decir que no mientras crecía. Si lo intentaba era severamente castigado. Así que aprendí a decir 'Sí' lo cual significaba básicamente que yo estaba mintiendo muchas veces." Verdaderamente, si usted no tiene la habilidad para decir "No", entonces su "Sí" no es realmente un "Sí". Practicar decir "No" es una parte valiosa del bálsamo sanador de los límites.

Ministrando con el bálsamo sanador de los límites

Al ministrar a los sobrevivientes, Jesús es nuestro ejemplo en el área de los límites. Jesús no forzó a las personas. Forzar es contra la naturaleza de Dios. La libertad de elección es un tesoro altamente valorado en el banco del cielo; Jesús murió por eso. Es verdad que Dios nos advierte acerca de las consecuencias de nuestras elecciones, pero la elección es nuestra, nada menos. En la historia de María y Marta, era claro que Marta quería que María viniera a ayudarla. Tal vez marta había tomado más de lo que ella podía hacer, lo cual sería un asunto de límites. María le estaba diciendo "No" a pasar tiempo en la cocina. Jesús estaba presente y ella no quería perderse ni una palabra. Marta apeló a Jesús para que "hiciera" que su hermana le ayudara. Llamándola por su nombre dos veces para enfatizar, El le dijo a Marta que María había elegido sentarse a sus pies y que El no la apartaría. Mientras usted le ministra a sobrevivientes que tienen dificultades para decir "No", comparta con ellos las historias que muestran cómo Jesús respetó los límites y las elecciones de las personas aún si éstos eran perjudiciales.

Trabajar con los sobrevivientes puede ser a veces frustrante. Nosotros podemos tener una agenda para ellos y ellos pueden rechazarla. Debemos trabajar en saber cuál es nuestra responsabilidad versus la de ellos. Usted puede ser la persona más segura en su vida para decir "No" y ellos pueden necesitar practicar decirlo mucho. Por otro lado, usted también necesita decir "No". Cuidar sus límites puede ser un maravilloso ejemplo para los sobrevivientes.

Hay una lección espiritual que podemos compartir con los sobrevivientes relacionada con el concepto de "lo malo afuera". Cuando nos abrimos y comunicamos nuestro dolor a Dios y a otros, dejamos lo malo afuera y podemos ser curados. Dejar "entrar lo bueno" significa abrir el corazón al regalo espiritual de Dios. "Toda buena dádiva y todo don perfecto desciende de lo alto, del Padre de las luces, en el cual no hay mudanza, ni sombra de variación." (Santiago 1:17). El no sólo da buenos dones, sino que es seguro y digno de confianza; El nunca cambia. Su amor y cuidado por nosotros es constante y confiable. Considere ministrar a un sobreviviente buscando juntos tesoros en las Escrituras. Encuentren todos los tesoros que son "bueno adentro."

El Bálsamo Sanador del Perdón

El tema del perdón es desafiante para los sobrevivientes. Es difícil porque hay muchos malentendidos acerca del perdón. Lewis Smedes, en su libro Perdonar u olvidar, explora el proceso.[20] Cuatro tareas deben ser completadas para olvidar. Las dos primeras son "lastimar y odiar." Esto significa que tenemos que sentir el dolor de la pena y la ira a fin de ser capaces de perdonar. El tercer paso es curación. Este viene después que el lastimar y el odiar son totalmente reconocidos. Empezamos a ver a la persona que nos lastimó con ojos diferentes y comenzamos a dejarla ir del resentimiento y la rabia. La última etapa es reconciliación o juntarse. Este estado puede o no suceder. Si el abusador no reconoce las heridas que infligió, entonces la reconciliación pone al sobreviviente o a las personas cercanas a él (a menudo sus hijos) en riesgo de repetir las heridas. Es apropiado que los abusadores sufran las consecuencias de su comportamiento. El perdón es una cosa, nulificar las consecuencias es otra diferente.

Vamos a mirar este proceso a través de los ojos de un sobreviviente. "Por muchos años yo sabía intelectualmente que mi padre había abusado sexualmente de mí y yo pensaba que lo había perdonado. Cuando empecé el trabajo de recuperación, me di cuenta que no me había permitido a mí mismo reconocer realmente cuánto yo había sido herido por su comportamiento. Por muchos meses lloré y me enfurecí por las heridas y el dolor del abuso. Continué orando y le pedí a Dios que hiciera su trabajo en mí. Gradualmente comencé a ver cuán enfermo y herido estaba mi padre. Comencé a ver a su niño herido. También vi que él rehusaba reconocer su comportamiento. Esto me concernía porque yo tenía mis propios hijos. ¿Cómo podía yo saber que ellos estaban seguros? Yo luché con esto. Un día, mientras oraba, comencé a tener consciencia de que ya no estaba más furioso con mi padre, ya no quería más verlo herido de la forma en que él me había herido a mí. Tuve un sentimiento de calma. Sabía que lo había perdonado. Sin embargo, debido a que él no se apropiaba de su abuso y mi preocupación por la seguridad de mis hijos, sólo tuve una muy mínima relación con él."

En esta historia, vemos las cuatro tareas del perdón: lastimar, odiar, curar y reconciliación (o no). A continuación, algunas otras verdades acerca del perdón:

- El perdón forzado no es perdón.
- A menos que uno experimente los sentimientos relacionados a la herida, no ha perdonado; es el llamado pseudo-perdón, y muchos cristianos son culpables de él.
- El perdón es un proceso que usualmente se toma tiempo, raramente es instantáneo.
- El perdón es un regalo de Dios.
- El perdón no significa nunca que lo que hizo la persona es aceptable.
- El perdón es un regalo que el sobreviviente se da a sí mismo; no se da por el perpetrador.
- Aún después del perdón puede haber sentimientos de ira y dolor, pero el resentimiento o mantenerlo contra la persona se ha ido.
- Olvidar que fue lastimado no es una parte necesaria del perdón.
- El perdón es la resolución natural del proceso de la pena.
- El perdón de ninguna manera requiere que usted confíe en la persona a quien perdonó. No significa que la relación debe ser restaurada.

- El perdón no depende de la acción o inacción de la otra persona—"Yo te perdono si tu_____."

No es necesario que el perpetrador pida perdón para que el sobreviviente sane. Algunas veces el perpetrador vive a mucha distancia o ha muerto. Sin embargo, si el abusador se arrepiente y pide perdón, el sobreviviente generalmente tiene más facilidad de dejar ir el resentimiento. 2 Crónicas 7:14 es un buen modelo de abusadores que buscan el perdón de sus víctimas. "Si mi pueblo que es llamado por mi Nombre se humillare, y orare, y buscare mi rostro, y se volviere de sus pecados, entonces yo los oiré desde los cielos, y perdonaré sus pecados y sanaré su tierra." Esto incluiría varios pasos:[21]

1. Reconocimiento del pecado específico.
2. Confesar en qué se pecó.
3. Arrepentimiento—se requiere un cambio total.
4. Pedir perdón—la persona que ha pecado necesita pedirle perdón a Dios y a la persona a quien ha dañado.
5. Ofrecer restitución de una manera u otra.

Finalmente, el perdón no tiene nada que ver con absolver al abusador. Tiene que ver con hacer todo lo posible para liberarse uno mismo de la carga de ser una víctima y ser transformado de víctima a sobreviviente para crecer. "Cuando tú liberas al malvado de la maldad, tú extirpas un tumor maligno de tu vida interior. Tú liberas a un prisionero, pero descubres que el verdadero prisionero eras tú mismo."[22]

Ministrando con el bálsamo sanador del perdón

Cuando se trabaja con los sobrevivientes acerca del perdón, se necesita gran tacto y ternura. El perdón es un tema espinoso para los sobrevivientes. Mientras más ellos miran y lidian con la herida, más real se vuelve el abuso. Esta evaluación honesta trae sentimientos de dolor y rabia. Como ayudadores, debemos recordar que el perdón es un proceso. Toma tiempo. Nuestra labor es proveer un espacio seguro para que el sobreviviente se mueva a través del proceso.

Como ayudadores, necesitamos examinar nuestras vidas para ver si hay alguna necesidad de perdón. La palabra resentimiento proviene de re, que significa otra vez, y sentimiento. Es sentir algo una y otra vez. Es aquella situación en la vida que repetimos una y otra vez. Vuelve a la superficie cuando menos lo esperamos; los viejos sentimientos aún están presentes y los experimentamos otra vez. Una forma de trabajar las iras viejas es hacer una lista de resentimientos. Anote las personas, eventos, instituciones, etc. sobre las que usted siente algún "cargo". Este es su negocio no finalizado. Tome la lista y ore acerca de ella. Pídale a Dios que le conceda perdonar. Hacer una revisión de los asuntos en su lista puede ayudarle a estar claro acerca de por qué exactamente usted tiene sentimientos de resentimiento acerca de ese asunto. Escriba una carta honesta a la persona a quien usted no planea enviarla. (Usted siempre puede escribir una carta que planea enviar luego de haber trabajo en ese asunto.) Mientras usted trabaja a través del proceso del perdón, usted estará mejor capacitado para ministrar esperanza a los corazones lastimados.

El Bálsamo Sanador de la Nutrición Espiritual

El más significativo bálsamo curador es la nutrición espiritual. Toda curación viene de Dios. Nuestros cuerpos fueron creados por Él con la habilidad para sanar. Cuando ocurre una herida, una miríada de sistemas corporales son activados y millones de células se reúnen para hacer su trabajo. La curación de las heridas del abuso también viene de Dios y su bálsamo sanador.

Las Escrituras usan varias palabras para referirse a los ungüentos medicinales que se aplican a las heridas. Bálsamo es una de esas palabras. El término "Bálsamo en Galaad" viene de una región de la antigua Palestina conocida por su bálsamo obtenido de un pequeño árbol perenne de hojas aromáticas. Tal vez usted ha escuchado la hermosa canción Bálsamo en Galaad, una muy amada espiritual de los negros americanos.

Hay un bálsamo en Galaad
Para marcar la herida completa;
Hay un bálsamo en Galaad
Para sanar el alma enferma de pecado.

Los sobrevivientes necesitan que sus heridas sean restauradas y Jesús, el Jefe de los médicos, está listo para dispensar el bálsamo de Galaad a las almas enfermas de pecado. El bálsamo de Galaad es otorgado a través de la relación con el Sanador. La relación es fortalecida a través de las prácticas espirituales. Para los sobrevivientes hay tres sencillas, pero importantes, prácticas espirituales a considerar: la oración, la Biblia y lecturas espirituales.

Al separar cada día un tiempo para la devoción personal para incluir estas prácticas, los sobrevivientes escucharán las palabras de gracia fluyendo de los labios de Jesús y aquellas palabras serán realmente el bálsamo de Galaad para sus almas.

El tiempo para devoción personal (TDP) es un tiempo separado diariamente para nutrir la relación con el Gran Sanador. "Cuándo" no importa, algunas personas son búhos y otras son pollitos. Lo que importa es la consistencia. Separar un lugar específico para TDP es muy beneficioso. Algunas personas eligen un lugar en la naturaleza, una habitación especial en su casa o aún una iglesia. Un sobreviviente dijo: "Yo tengo un lugar en mi aposento, una silla blanca de mimbre, donde me encuentro con Dios. Siempre que me siento allí, mi mente, cuerpo y alma se sienten muy quietos. Estoy listo para abrir mi corazón y hablar y escuchar". Ese lugar especial puede incluir cosas que dirijan su atención hacia Dios. Además de una Biblia y un diario, puede haber música, una pintura, una vela, una escultura, etc. Una sobreviviente recuerda haber tenido siendo niña una caja de tesoros que ella mantenía en varios lugares secretos. Esta contenía chucherías con recuerdos y significados pegados. Ella decidió hacer una caja de tesoros espirituales. Dijo: "Yo tengo muchas cosas que tienen un significado espiritual para mí, como una pluma que fue un regalito de Dios, una roca tomada de la playa del Lago Michigan durante una época especialmente significativa de conexión con Jesús y una gran cinta roja de la última sesión de un retiro donde la canción 'el gozo del Señor es mi fortaleza', me dio valor para hacer el trabajo de curación". El espacio TDP debería ser único para el sobreviviente y sus necesidades.

La oración a menudo es mal entendida y enterrada bajo hábitos y tradiciones que disminuyen su poder e intimidad. La oración es sobre todo asunto de relaciones. Es acerca de abrir tu corazón. La amistad íntima envuelve honestidad. Los sobrevivientes pueden verter su tristeza, ira, gozo y dolor a Dios con completo abandono. Los sobrevivientes tienen miedo de sus GRANDES sentimientos y a menudo temen la reacción de Dios hacia ellos. La verdad es que Dios es más grande que cualquier sentimiento humano y "Dios es la roca de mi refugio". (Salmos 94:22) Se permiten rabietas moderadas—no se soltarán golpes relámpago.

Mientras se estudian las Escrituras durante el TDP, los sobrevivientes necesitan hacer las palabras reales y personales para ellos. He aquí algunas sugerencias:

- Tome una palabra, búsquela en una concordancia y lea todos los versos en la Biblia que incluyan esa palabra.

Algunas maravillosas palabras para buscar son amor, esperanza, gozo, salvación y curación.

- Vaya a través de los evangelios y deténgase en las historias de las curaciones de Jesús. Los sobrevivientes pueden ponerse ellos mismos dentro de la historia. Jesús dio maravillosas parábolas, historias simbólicas, para reflejar algo. Estas historias calan profundo dentro del corazón y nutren el alma.
- Consiga un libro que contenga promesas bíblicas y búsquelas. Los sobrevivientes pueden personalizarlas, escribirlas y hacer un diario acerca de qué significan para él.

Un diario espiritual es un registro escrito de reacciones personales en asuntos espirituales. Provee una descarga catártica cimentada en pensamientos, sentimientos e ideas. Un diario espiritual es un lugar para ser honesto. El diario puede incluir regularmente oraciones, citas significativas, confesiones de pecado, luchas personales, eventos diarios de significado espiritual, perspicacia, alabanza y acción de gracias, conducción de Dios, alegrías, heridas y dolor.

Ministrando con el Bálsamo Sanador del Cuidado Espiritual

Ministrar a los corazones lastimados lleva inagotable sabiduría desde arriba. La única forma en que los ayudadores espirituales pueden adquirir esa sabiduría es a través de pasar tiempo con Jesús y la Palabra. Haga de su primera prioridad cada día orar por los sobrevivientes que Dios ha puesto en su corazón. Hay una hermosa promesa en Isaías acerca de Dios salvando a nuestros hijos de gigantes y de la esclavitud. Yo creo que podemos aplicar esto a nuestros hijos espirituales también. "¿Puede el botín ser recuperado de un gigante; prisioneros de guerra rescatados de un tirano? Pero Dios dice, 'Aún si un gigante agarra el botín y un tirano mantiene a mi pueblo prisionero, Yo Soy el único que está de tu lado, defendiendo tu causa, rescatando a tus hijos'" (Isa. 49:24, 25 Message) Qué preciosa promesa; Dios está de nuestro lado salvando a nuestros hijos espirituales. Fidelidad en nuestro TDP es el corazón de nuestro trabajo con los sobrevivientes.

Después de la última cena, sólo unas pocas horas antes de su arresto, Jesús le habló a sus discípulos y entonces oró por ellos. "No te ruego que los quites del mundo, sino que los guardes del mal". (Juan 17:15) Nosotros también podemos pedir esta poderosa promesa para nuestros sobrevivientes hijos espirituales. Hágalo personal poniendo sus nombres en el verso. "Señor, mantén a __________(nombre del sobreviviente) lejos del maligno".

Al ministrar el bálsamo de curación, podemos ayudarlos a remover algunos bloqueos que ellos pueden tener hacia Dios. Los sobrevivientes que fueron abusados por sus padres y/o varones pueden necesitar pensar en Dios en términos diferentes. El Apéndice VII tiene una lista de nombres bíblicos para Dios. Sabemos que Dios es más grande que cualquier identidad sexual. Ayudar a los sobrevivientes a elegir un término con menos "Cargo" desmantelará la pared que los sobrevivientes puedan tener hacia Dios a causa del abuso.

Capítulo 8

¿Cómo podemos ayudar en el viaje hacia la curación?

*H*emos aprendido acerca de Jesús, nuestro ejemplo, en el ministerio de curación. Hemos examinado el abuso, sus efectos y las etapas de la curación. En este capítulo, exploraremos el rol de los ayudadores y cómo podemos dar el mejor soporte al viaje de curación de los sobrevivientes.

Llamado a Ministrar

La historia de la suegra de Pedro es instructiva para nosotros mientras ministramos a los corazones lastimados. Imagine cómo Mateo cuenta la historia, Jesús está en Capernaúm y se adelanta para pasar tiempo con Pedro y su familia. Entra a la casa, ve a la madre yaciendo en la cama muy enferma con fiebre. Jesús se acerca a ella con gran compasión. Toca su mano e inmediatamente la fiebre se va. Su piel recupera su color normal y abre sus ojos al tierno rostro de Jesús inclinado sobre ella. Llena de energía, se levanta alegremente y ministra a las necesidades de Jesús.

La palabra griega *diakoneo* significa "ministrar". La palabra "diácono" es derivada de esta palabra y es usada en los tres evangelios para describir lo que la madre hizo después que fue sanada. He aquí a una amable mujer agradecida. Jesús la sanó a ella de la enfermedad y posible muerte y ella alegremente atiende a sus necesidades. Esta es la única narración de las curaciones de Jesús donde la persona responde a la curación dando inmediatamente servicio.

Su historia es nuestra historia. Jesús se acerca a nosotros con gran compasión. Nos toca. Abrimos nuestros ojos para ver su tierno rostro inclinado sobre nosotros. Estamos curados y llenos de energía y alegremente nos levantamos y ministramos a las necesidades de Jesús. Qué precioso privilegio ser llamados a servir a nuestro sanador, Jesucristo. Cuando nosotros cuidamos a sus amados, le estamos cuidando a Él. "Les digo la verdad, cuando lo haces a uno de estos mis hermanos y hermanas más pequeños, me lo estás haciendo a mí". (Mat. 25:40)

Diariamente nosotros estamos para recibir del cielo el bálsamo sanador de la gracia de Dios, y para permitir que ese bálsamo fluya a través de nosotros para suavizar las heridas de los sufrientes sobrevivientes. Mientras hacemos esto estamos proclamando el evangelio. La verdadera esencia del evangelio es la restauración y Jesús es el gran Restaurador. ¡Qué elevado llamado el ser obreros juntamente con Cristo en el cuidado de los corazones lastimados.

Esta obra que el Señor nos ha llamado a hacer no es fácil. Algunas veces te sorprenderás, "¿qué estoy pensando?". Pero debes saber esto: Dios te ha llamado, no porque tú eres más inteligente o más capaz que algún otro. Somos vasos frágiles, que fácilmente se quiebran. Él te llamó porque te ama y quiere compartir contigo un esfuerzo sagrado. El estará contigo en cada paso del camino. 2 Corintios 4:7-9, 16 da un cuadro asombroso del ministerio. "Nosotros ahora tenemos esta luz brillando en nuestros corazones, pero nosotros mismos somos como vasijas frágiles de barro conteniendo este gran tesoro. Esto hace claro que nuestro gran poder proviene de Dios, no de nosotros mismos. En todas partes estamos apresados por problemas, pero no estamos angustiados. Estamos perplejos, pero no desesperados. Perseguidos, pero nunca abandonados por Dios. Derribados, pero no destruidos. Por eso no nos damos por vencidos. Aunque nuestros cuerpos están muriendo, nuestros espíritus están siendo renovados cada día".

A menudo Dios llama para ministrar a personas que han sido heridas ellas mismas. Las cicatrices son el permanente registro de haber sido herido, y cada cicatriz tiene una historia que decir. Bill sobrevivió a la guerra de Vietnam y está deseoso de enseñar sus heridas y decir la historia acerca de un compañero que lo salvó de la muerte. Sara sobrevivió al cáncer de tiroides y muestra la cicatriz en la base de su cuello como un testimonio de lo que ella soportó. Las cicatrices hablan del dolor de las heridas y la alegría de la curación. Cada sobreviviente tiene una historia llena de sufrimiento y gracia. Dios llama a los sobrevivientes a compartir sus experiencias como una inspiración para otros en el viaje a la curación.

Relaciones Asimétricas vs. Curador herido

Cualquier relación o situación social en la cual una persona tiene autoridad sobre otra es asimétrica porque el balance de poder es más o menos para un solo lado. Este tipo de relación es visto con los médicos y los pacientes, maestros y estudiantes. Por ejemplo, cuando alguno tiene más conocimiento que otro o la habilidad de producir consecuencias en la otra persona, hay un desbalance de poder. Con frecuencia, como ayudadores podemos vernos a nosotros mismos como sabiendo más que aquel a quien estamos ayudando. Podemos pensar que lo tenemos todo junto. Nos vemos a nosotros mismos como "uno superior", mientras ponemos al sobreviviente como "uno inferior". La mayoría de nosotros no diríamos que así es como sentimos o pensamos, pero podemos sentir de esta forma y el mensaje puede aún ser transmitido inconscientemente. Nos vemos a nosotros mismos como el poderoso ayudador que debe rescatar al pobre sobreviviente. Esto es completamente contrario al método del cielo.

Necesitamos venir al lado de los sobrevivientes como compañeros sufrientes en la carretera de la vida. Todos estamos heridos en una forma u otra. Jesús nos llama a ministrar a los corazones lastimados porque El ha ministrado a nuestro lastimado corazón. El poder del amor estaba en toda curación de Cristo y nosotros somos instrumentos de Él porque hemos recibido de ese amor. Cuando venimos a ministrar esperanza, no venimos escondiendo nuestras heridas con vergüenza. Venimos compartiendo nuestras heridas y la curación que hemos recibido. Como seguidores de Jesús permitimos que nuestras heridas traigan curación a otros, así como las heridas de Jesús nos trajeron curación. "Por su llaga somos nosotros curados". (Isa. 53:5)

Jesús nos contó una historia acerca de dos hombres que fueron al templo a orar—el fariseo y el cobrador de impuestos. Cuando venimos a los sobrevivientes con suficiencia propia, somos como el fariseo que oró, "Dios, te agradezco porque no soy como los otros hombres…aún como este cobrador de impuestos". (Lucas 18:10) La verdad es que somos mucho más semejantes a los otros; necesitamos la gracia y la curación de Dios cada día. Necesitamos que nuestra oración diaria sea la del cobrador de impuestos, "¡Dios, sé propicio a mí, pecador!" Jesús continuó diciendo, "cualquiera que se exalta a sí mismo será humillado, y el que se humilla a sí mismo, será enaltecido". (Lucas 18:13,14) La humildad, la encontramos todos en nuestra rodillas a los pies de la cruz.

Espacio Sagrado

Hay una preciosa promesa dada por Jesús. El dijo: "Porque donde quiera que hayan dos o tres reunidos en mi nombre, allí estoy yo en medio de ellos". (Mat. 18:20) Cuando estamos ministrando a los corazones lastimados en el nombre de Jesús, El está allí mismo con nosotros. Eso significa que el espacio en que estamos es sagrado. Jesús, el Gran Sanador está muy cerca, como observador y participante de nuestro ministerio. ¡Dios con nosotros, Emmanuel!

El espacio sagrado se produce cuando la persona se siente segura. Seguridad es algo que muchos sobrevivientes nunca experimentan. Sostenerlos a ellos para que tengan esa experiencia es esencial en el proceso de curación. La primera manera de crear seguridad es a través de la confidencialidad. Como ayudadores debemos mantener sus confidencias. Nunca, a menos que su seguridad esté en peligro, debería escapar de nuestros labios ningún detalle sin su permiso. Esto incluye no decir detalles de su historia. El mundo cristiano es pequeño y decir detalles de una historia podría identificar a la persona aún si no decimos su nombre. Esto significa también que no traemos a la iglesia una petición de oración con ningún detalle específico a menos que tengamos su permiso. Necesitamos tener una conversación con ellos reiterando nuestro compromiso de confidencialidad. Luego debemos respetar fielmente ese compromiso, no importa lo que pase.

Una segunda forma de crear seguridad es tener límites alrededor de nuestro espacio sagrado. Si el sobreviviente está trabajando en compartir cosas emocionalmente sensitivas, decida un marco en el tiempo y elija un espacio privado sin interrupciones. Tener un tiempo y espacio definidos ayuda a crear seguridad.

El músico Tom Kendzia compuso una hermosa canción basada en Mateo 18:20. Las palabras del coro son: "Donde dos o tres están juntos en mi nombre se encontrará amor, abundará la vida. Por nombre somos llamados, del agua fuimos enviados: para llegar a ser los ojos y las manos de Cristo". Cuando pasamos tiempo con los corazones lastimados—ministrando, escuchando, riendo y orando—en realidad llegamos a ser los ojos y las manos de Cristo. ¡Qué exquisito privilegio! Estar con una persona en el dolor, ofreciendo nuestra presencia a alguno que se sienta sin esperanza, compartir en tiempo de duda e incertidumbre—estas experiencias pueden traernos profunda alegría. Cuando dos personas han abierto sus corazones el uno al otro y a Dios, hay un dulce espacio sagrado rodeándoles. ¿Alguna vez te has fijado en el rostro de alguien después que ha compartido su dolor y llorado desde el corazón? Hay una vulnerabilidad que invita; su espíritu íntimo, refrescado por Jesús, brilla en su hermoso rostro.

Círculo de Soporte

Cuando examinamos los métodos de Dios en el mundo, vemos que Él usa a personas para ministrar a otras personas. Dios trabaja con grupos. La Deidad es tres personas. Dios llamó al pueblo de Israel. Jesús llamó discípulos. La iglesia primitiva se reunía en hogares y compartían sus vidas. Los llaneros solitarios simplemente no funcionan en la vida cristiana. Hay dos maneras en que podemos aplicar los principios cristianos expresados en el círculo de soporte.

Primero, el sobreviviente necesita más que sólo el soporte que usted le pueda dar. Siendo el fin de todo y ser todo para ellos les es dañino y nos empuja a apagarnos. Ayudar al sobreviviente a crear un círculo de soporte es parte de nuestro ministerio hacia ellos. Aplicar el bálsamo sanador requiere más que sólo una persona. Eventualmente, muchas personas necesitan ser parte del círculo. Algunas posibilidades son:

- Otros sobrevivientes
- Esposo
- Amigos
- Pastores
- Otros miembros de iglesia/líderes
- Terapeutas (consejeros, terapistas masajistas, etc.)
- Médicos, enfermeras, etc.
- Grupos (grupos de la iglesia, grupos de terapia, grupos de sobrevivientes, programas de 12 pasos, etc.)
- Nutricionistas
- Entrenador de ejercicios

Las opciones son muchas y variadas. Los sobrevivientes tienden a retraerse y aislarse. Eso es lo que muchos de ellos hicieron como niños para sobrevivir. Empoderarlos a ellos paso a paso para incluir a otros en sus vidas es una parte valiosa de su curación

La segunda aplicación del principio del círculo de soporte de Dios se relaciona con nosotros. Mientras ministramos a los corazones lastimados, necesitamos a otras personas que nos den soporte a nosotros. Jesús envió a sus discípulos de dos en dos. El apóstol Pablo y otros líderes de la iglesia primitiva trabajaron en parejas. El plan de Dios es que las personas se den soporte unas a otras. Necesitamos ese soporte por varias razones. Primero, cuando dos o más personas trabajan juntas, no se desaniman las dos al mismo tiempo. Una persona puede expresar esperanza y ministrar comodidad a la otra.

En segundo lugar, necesitamos contabilidad. Trabajar con un círculo de soporte nos ayuda a ver cosas que no podemos ver. ¿Está quedando enganchado en el drama del sobreviviente? ¿Está invirtiendo demasiadas horas ayudando y descuidando su propio cuidado personal? A menudo es difícil ver estas cosas uno mismo; necesitamos un círculo de soporte que nos lo señale. Los buenos terapeutas tienen algo llamado *supervisión.* Ellos se reúnen con otro profesional que es un supervisor entrenado y hablan acerca de sus pacientes. La retroalimentación que reciben les ayuda a ver si están equivocando algo con algún paciente o dejando que sus propios asuntos interfieran en el trabajo que están haciendo. Necesitamos "supervisión del alma" para asegurarnos de que estamos balanceados y centrados en Cristo. En tercer lugar, hay poder en la oración en grupo. El abuso es satánico y necesitamos mucha oración mientras ayudamos a los sobrevivientes a combatir al maligno. Y cuarto, necesitamos a alguien de carne que nos ame bien. Necesitamos "dejarnos llevar" y reír y ser ridículos. Necesitamos ser nutridos mientras les damos a otros.

Piense cuidadosamente acerca de a quién usted incluirá en su círculo de soporte. Ore acerca de ello y pídale a Dios que le guíe. Una vez esté seguro acerca de a quién incluir, vaya a él y pregúntele específicamente si será parte de su círculo de soporte. No lo deje a la casualidad o asuma que él lo sabe. Haga un compromiso entre ustedes. Decidan un tiempo para reunirse en base a una semana o cada dos semanas. Busque continuamente la sabiduría de Dios para su círculo de soporte.

Esperanza

Mientras usted le ministra esperanza a los corazones heridos, uno de sus papeles principales es ser un "portador de esperanza". María ministraba a los corazones lastimados de los hijos de Israel. Aún cuando en las Escrituras no se nos dice nada acerca de María entre el rescate de Moisés y el Éxodo, podemos hacer una suposición razonable de algunas cosas acerca de ella durante ese tiempo. Las escrituras nos dicen que María era profeta y músico. Estos dones no aparecen simplemente a la edad de 90 años después de cruzar el mar rojo en el tiempo del Éxodo. Ella estaba posiblemente ejerciendo estos dones a través de su vida ministrando al pueblo de Dios. María, junto con muchos otros, tuvo la esperanza de libertad del cautiverio. Esa esperanza centrada en Moisés como siendo el que iba a guiar al pueblo fuera de la esclavitud, especialmente debido a su milagroso rescate siendo niño. Imagine la gran decepción de María cuando él mató un hombre y huyó.

Aún en su decepción, yo pienso que María tuvo gran esperanza en la promesa del Señor de liberarlos de la opresión. Allí deben haber estado las canciones con profundo significado que mantuvieron la esperanza viva entre el pueblo de Dios. Yo creo que María fue una líder significativa en este proceso, una "portadora de esperanza". La música y el movimiento tienen tal poder maravilloso. Tal vez estas canciones y rituales fueron muy similares a las canciones de los esclavos en nuestro propio país hace unos 150 años encerrados en la esclavitud opresora. Piense en sus canciones: *Pronto terminaré con los problemas del mundo; swing low, sweet chariot (mécete suavemente, dulce carruaje); o Sublime Gracia.* Estas canciones trajeron esperanza de libertad y una visión de un tiempo y lugar mejores. Estas bañaron al pueblo en paz y curación.

Los sobrevivientes a menudo están abrumados con el proceso de curación. Ellos no pueden ver al otro lado del oscuro túnel de dolor y rabia. A menudo se preguntan "¿Cuánto más durará?". Cuando el camino parece muy oscuro, a menudo es nuestra esperanza la que los lleva a través de él hasta que pueden tener esperanza otra vez. Es nuestro privilegio hacer brillar la luz del amor de Dios entre sus tinieblas y decir: "Mantén la esperanza un poco más, hay una luz al final del túnel, pronto serás libre de la esclavitud del pasado". Podemos decir con el salmista: "Oh Israel (el sobreviviente pone su nombre), espera en el Señor; porque con el Señor hay un amor que no falla. Su redención es abundante" (Salmos 130:7). Nosotros somos los "portadores de esperanza" para el corazón lastimado.

Esperanza significa tener confianza y confiar que aquello que es deseado será cumplido. Esperanza y confiar viajan juntas en el viaje de la vida. Nuestra fortaleza para ministrar viene de nuestra esperanza y confianza en las promesas de Dios. "Porque de su gloria y excelencia, nos ha dado grandiosas y preciosas promesas". (1 Pedro 1:4)

Dios promete Su Espíritu. "Oro porque Dios, la fuente de esperanza, les llene completamente con gozo y paz porque ustedes confían en El. Entonces ustedes abundarán en esperanza a través del poder del Espíritu Santo" (Rom. 15:13). Necesitamos la poderosa energía del Espíritu Santo con poder estimulante, curativo, transformador para traer curación al alma magullada por el pecado.

Dios promete completar el trabajo que comenzó. "Estando confiados en estas cosas, que aquel que empezó la buena obra en ustedes la completará hasta el día de Jesucristo" (Fil. 1:6). Esa promesa nos da la esperanza de que Él completará la obra en nosotros y en los sobrevivientes para quienes estamos ministrando.

Dios promete que El nos confortará y nos usará. "Toda la gloria para Dios, el Padre de nuestro Señor Jesucristo. Dios es nuestro Padre de misericordia y la fuente de toda consolación. El nos consuela en todos nuestros problemas de manera que podemos consolar a otros. Cuando ellos están atribulados, seremos capaces de darles a ellos la misma consolación que Dios nos ha dado" (2 Cor. 1:3,4). Podemos aplicar el consolador Bálsamo de Galaad a las heridas de los sobrevivientes porque ya ha sido aplicado a nuestras heridas.

Estamos para llevar el mensaje de esperanza y gracia. Los sobrevivientes ya no están envueltos en la oscuridad de la medianoche sin esperanza. La penumbra desaparece en la brillante luz del sol de justicia.

Esta es mi oración para ustedes y su ministerio: "Oro para que sus corazones sean inundados con luz para que puedan entender la segura esperanza que Él ha dado a aquellos que llamó—Su pueblo santo que es su rica y gloriosa herencia. También oro para que puedan entender la increíble grandeza del poder de Dios para aquellos que creen en Él" (Efe. 1:18,19).

Estimado lector,

Gracias por leer mi libro . Espero que haya sido útil y curativo para usted. Ruego que están equipados para ministrar a herir corazones como nunca antes.
Si te haya gustado , no haga el favor de tomar un momento para dejarme un comentario en su tienda favorita?

Gracias !

En el calor de su amor,
Roberta

Conecte conmigo:
Website - www.robertafish.com or www.hopeforhurtinghearts.com (inscribirse para mis actualizaciones del blog)
FaceBook - www.facebook.com/authorrobertafish (como mi página)
Twitter - www.twitter.com/robertaswriting
Linkedin - www.linkedin.com/in/robertafish

Apéndice I

Definiciones exhaustivas del abuso

La Ley de prevención y tratamiento del abuso al niño23 provee las siguientes definiciones:[23]

Negligencia es cualquier acción o falta de acción reciente de parte de un padre o cuidador, lo cual resulta en muerte, daño físico o emocional serio, abuso sexual o explotación, o la acción o falta de acción que resulta en un inminente riesgo de daño serio.

- Negligencia física—Incluye abandono o supervisión inadecuada, y fallar en proveer para la seguridad o necesidades físicas. Incluye retraso en el desarrollo, malnutrición, condiciones sanitarias inadecuadas, o lesiones por falta de supervisión.
- Negligencia educacional—Incluye no inscribir al niño en la escuela, o permitir que el niño caiga en ausentismo crónico.
- Negligencia emocional—incluye retener el afecto o atención, fallo en proveer cuidado psicológico, ignorar las necesidades emocionales del niño.
- Negligencia médica—Incluye dilación o negación de cuidado dental o médico, o negar el cuidado médico debido a creencias religiosas. Algunos estados no entablar acción judicial por negar los cuidados médicos debido a creencias religiosas, pero ocasionalmente se pueden obtener órdenes de la corte para salvar la vida de un niño.

El abuso físico es la forma más obvia de abuso. Es un acto que resulta en daño físico al niño.

- Puñetazos, azotes, patadas, morder, quemar, romper huesos, tirar los cabellos y sacudir a un beé son ejemplos de abuso físico.

Indicadores de abuso físico:

- Traumas recurrentes con explicaciones no convincentes, reticentes, no plausibles, o inconsistentes.
- Ubicación poco común para traumas (bajo los brazos, cuello, espalda, genitales, estómago, muslos).
- Laceraciones, hematomas, moretones o laceraciones de forma rara o particular (hechos por un objeto)
- Quemaduras (cigarrillos, inmersión)
- Huesos rotos y trauma intracraneal.
- Pérdida de pelo.
- Usar ropas de manga larga fuera de estación (vacilación para mostrar ciertas partes del cuerpo)
- Actuar con agresividad hacia los demás.
- Temor, retraimiento, depresión.
- Pesadillas, insomnio.

El abuso sexual es cualquier uso inadecuado del niño para placer sexual o gratificación. Es el involucrar al niño en actividades sexuales que él no comprende completamente, que es incapaz de dar consentimiento informado y/o viola los tabúes sociales.

- Abuso sexual sin tocar—Exposición indecente o exhibicionismo, exposición a material pornográfico o cualquier acto sexual, incluyendo masturbación.
- Abuso sexual con toque—Acariciar, hacer que un niño toque los órganos genitales de un adulto o de otro niño, penetración de la vagina o el ano de un niño por un adulto o un objeto, y cualquier otro acto sexual con un niño.
- Explotación sexual—atraer a un niño con intención de prostituirlo o usar a un niño para filmar o fotografiar pornográficamente.

Indicadores de abuso sexual:

- Masturbación compulsiva, enseñar a otros a masturbarse.
- Excesiva curiosidad acerca del sexo o la seducción.
- Exteriorización sexual con otros.
- Moretones o sangrado en los genitales externos o ropa interior manchada, rasgada o ensangrentada.
- Dolor de garganta frecuente e inexplicable, infecciones vaginales o urinarias.
- Quejas de dolor o comezón en los genitales.
- Dificultad para sentarse o caminar.
- Bañarse excesivamente.
- Retraído o agresivo.
- Enfermedades de transmisión sexual.
- Embarazo, especialmente en la adolescencia temprana.
- Abuso de sustancias.
- Comportamiento demasiado compulsivo.
- Temores y fobias.
- Escaparse de la casa.
- Trastornos del sueño.
- Depresión.
- Síntomas somáticos (dolores de estómago, dolores de cabeza, etc.)

El abuso emocional es un patrón de comportamiento que puede interferir seriamente con el desarrollo positivo del niño, su psiquis y auto-concepto. El abuso emocional es difícil de identificar debido a la falta de evidencia física.

- Rechazar o ignorar—Decirle al niño en una variedad de formas que él o ella no son queridos, teniendo una falta de apego, no mostrando interés, no iniciando o reciprocando el afecto, y/o no escuchando al niño. No validar sus sentimientos. Romper promesas. Interrumpir al niño cuando él o ella están hablando. Simular que escucha sus preocupaciones, pero luego no tenerlas en cuenta.
- Vergüenza y humillación—Decirle al niño que él o ella es estúpido, etc. o suscitar críticas cuando el desempeño no es perfecto. Juzgar lo que el niño hace como malo, inferior o despreciable. Utilizar reproches tales como

"Deberías avergonzarte de ti mismo", o "Deja de llorar o te daré algo por lo cual llorar". El orgullo es también un sentimiento que a menudo se encuentra con condenaciones vergonzosas, tales como "¿Quién te crees que eres, señor Gran Cosa?"

- Aterrorizar—Acusando, culpando, insultando, criticando, castigando y amenazando con abandonarlo, daño físico, o muerte. Saboteando el éxito haciendo demandas irracionales o etiquetando a la persona como perdedor. Aprovecharse de la debilidad de la persona o manipularla. Calumniar.
- Aislamiento—No permitir al niño involucrarse con otros niños o actividades, manteniendo al niño en una habitación o área pequeña, y no exponer al niño a la estimulación. Ocultarle información.
- Corromper—Involucrar al niño en presenciar o participar en actos criminales tales como robar, la distribución de drogas, etc. Decir mentiras para evitar justificar acciones o ideas.

Indicadores de abuso emocional:

- Esconder los ojos; bajar la mirada.
- Irritarse, estar a la defensiva, actuar con ira.
- Exageración, confusión o negación.
- Pobre autoestima
- Actos airados.
- Retraerse, inseguridad, depresión, intentos de suicidio.
- Consumir alcohol, abusar de drogas, trastornos alimenticios.
- Dificultad para relacionarse.
- Trastornos del sueño/pesadillas.
- Trastornos nerviosos o síntomas somáticos.

Abuso espiritual es el mal uso de una posición espiritual de poder, liderazgo o influencia.

- Control de la mente o reforma de pensamientos.
- Abuso o asalto psicológico, sexual y/o físico.
- Negar la atención médica necesaria a cambio de la oración.
- Usar textos religiosos para justificar el abuso.

El Abuso Ritual Sádico o Satánico (ARS) es un grupo organizado, secreto, y a menudo multigeneracional que se dedican a la mutilación, asesinato ritual, canibalismo, beber sangre, tortura sistemática para producir niños programados, tipo robot, etc. Características comunes de los grupos abusivos:

- Autoritarios—El grupo dice haber sido establecido por Dios y los líderes en este sistema declarar tener el derecho de dominar a sus seguidores. Puede que a los seguidores se les diga que Dios bendecirá su sumisión aún si el liderazgo es equivocado.
- Consciente de la imagen —El pasado, fallas de carácter, etc., son mal representados o negados para validar la imagen reverenciada del grupo. Se colocan sobre los seguidores expectativas irracionalmente altas y el no alcanzar dichas expectativas es un recordatorio constante de la inferioridad del seguidor en relación con sus líderes.
- Supresión de la crítica—No se permiten las preguntas o discusiones abiertas acerca de asuntos. El grupo o religión es promovido como favorecido por Dios y una persona que le cuestione se convierte en el problema en lugar del tema discutido. Cuestionar cualquier cosa es considerado desafiar a la autoridad y dudar de Dios.

Indicadores del abuso espiritual/ritual:

- El niño cree que él o ella es malo o que es causante de que otros lo sean.
- Desconfianza de aquellos que no son parte del grupo.
- Fuerte temor a Dios
- Exageradamente obediente o perfeccionista.
- Sentimientos fuertes de vergüenza o culpa.
- Declaraciones o comportamientos programados.
- Problemas para dormir o pesadillas.

Lo siguiente es tomado del U.S Department of Justice Office on Violence Against Women (Departamento de justicia de los Estados Unidos sobre la violencia contra la mujer):[24]

Definimos la violencia doméstica como un patrón de comportamiento abusivo en cualquier relación que es usada por uno de los compañeros para ganar o mantener poder y control sobre el otro compañero íntimo. La violencia doméstica puede incluir acciones o amenazas de acciones físicas, sexuales, emocionales, económicas, o psicológicas que influencien a otra persona. Esto incluye cualquier comportamiento que intimide, aísle, asuste, aterrorice, coercione, amenace, culpe, lastime, lesione o hiera a alguien.

- Abuso físico: Son tipos de abuso físico golpear, cachetear, empujar, agarrar, pellizcar, morder, tirar los cabellos, etc. Este tipo de abuso físico también incluye negar al compañero cuidado médico o forzarlo a usar alcohol o drogas.
- Abuso sexual: Forzar o intentar forzar cualquier contacto o comportamiento sexual sin consentido. El abuso sexual incluye, pero no está limitado a, violación marital, ataques en partes sexuales del cuerpo, sexo forzado después de hacer violencia física o tratar a alguien en una manera sexualmente degradante.
- Abuso emocional: Es abusivo socavar el sentido de valor y/o autoestima en el individuo. Esto puede incluir, pero no está limitado a, criticar constantemente, menospreciar las habilidades de alguien, poner sobrenombres, o dañar las relaciones de uno con sus hijos.
- Abuso económico: Se define como hacer o intentar hacer a un individuo financieramente dependiente a través del control total sobre los recursos financieros, negando el acceso de uno al dinero, o prohibiendo a alguien que asista a la escuela o el empleo.
- Abuso psicológico: Los elementos del abuso psicológico incluyen—pero no se limitan a—causar temor por intimidación; amenazar con producir daño físico a sí mismo, el compañero, hijos, o familiares o amigos del compañero; destrucción de mascotas y propiedades; y forzar el aislamiento de la familia, amigos, o escuela y/o trabajo.

La violencia doméstica puede sucederle a cualquiera sin importar la raza, edad, orientación sexual, religión, género, origen socioeconómico y nivel educativo. La violencia doméstica puede ocurrirle a compañeros íntimos que están casados, viviendo juntos o saliendo.

La violencia doméstica no sólo afecta a aquellos que son abusados, sino que también tiene un efecto sustancial en los miembros de la familia, amigos, compañeros de trabajo, otros testigos, y en toda la comunidad. Los niños que crecen observando la violencia doméstica, están entre los que son seriamente afectados por este crimen. La exposición frecuente a la violencia en el hogar no sólo predispone a los niños a numerosos problemas sociales y físicos, sino que también les enseña que la violencia es una forma normal de vivir—por consiguiente, aumentando su riesgo de llegar a ser la próxima generación de víctimas y abusadores. (Vea el Apéndice VII para más información).

Apéndice II

Perfiles de los abusadores sexuales

De acuerdo con los cálculos del Departamento de Justicia, aproximadamente 400,000 pedófilos convictos residen en los Estados Unidos.[25]

Tipos de abusadores:[26]

1. Abusador de niños general o situacional—no prefieren niños, pero los ofenden bajo ciertas condiciones.
    - Abuso de regresión Típicamente tienenv relaciones con adultos, pero una situación de estrés hace que busquen niños como sustituto.
        - Ochenta a noventa por ciento son hombres.
        - Al menos un tercio de ellos fueron ellos mismos abusados.Raras veces abusan a miembros de la familia.
        - El 10% que abusa a miembros de la familia lo hace repetidas veces y más severamente.
        - Los padrastros tienen diez veces mayor probabilidad de abusar.
        - Raramente son atrapados.
        - En 50% de los casos hay conexión con el alcohol.
    - Abuso sin distinción moral—Sexualmente desviados en todo sentido, que pueden llegar a cometer otras ofensas sexuales no relacionadas con niños.
    - Ingenuo/Inadecuado Frecuentemente los que sufren

alguna discapacidad mental, hallan a los niños menos amenazantes.

2. Preferencial—Tienen verdadero interés sexual en niños. Estos son a los que llamamos pedófilos. El término "pedofilia" se refiere a sentimientos persistentes de atracción de parte de un adulto o adolescente mayor hacia niños pre púberes, sea que actúe o no de acuerdo con esa atracción. Una persona con esta atracción es llamado "pedófilo".
    - Mysoped—Sádico y violento, más a menudo eligen a extraños antes que a conocidos.
    - Fijados—tienen poca o ninguna actividad con los de su propiaedad, descritos como un "niño crecido". Los siguientes son hallazgos de una investigación del psiquiatra Dr. Gene Abel, de la Universidad de Emory, los cuales han sido validados por otros investigadores:[27]
        - La mayoría de los pedófilos abusan a niños varones
        - Si abusan a niñas, éstas entre 8 y 10 años de edad
        - Los hombres que abusaron a niños varones tuvieron un asombroso promedio de 150 víctimas cada uno
        - Los hombres que abusaron a de niñas tuvieron un promedio de 52 víctimas cada uno.
        - Sólo 3% de estos crímenes fueron descubiertos alguna vez.
        - El comportamiento generalmente inicia en la adolescencia a la edad promedio de 15 años.
        - Son los más difíciles de tratar.
        - Son introvertidos, emocionalmente inmaduros y temerosos de las relaciones heterosexuales adultas
        - Raras veces usan la fuerza física y son expertos en manipulación psicológica. La mayoría de las víctimas de abuso son "preparadas" por un período de semanas, meses, o años. Los pedófilos son impostores engatusadores profesionales y son expertos en el arte de ganar la confianza de los niños y sus familiares.
        - Conocen a sus víctimas en el 75% de los casos.
        - Buscan legítimo acceso a los niños (familiares, escuelas, voluntarios, iglesias, áreas de juegos, cuidado de niños, entrenadores, pasatiempos, haciéndose padres adoptivos, etc.)

- Los pedófilos son notablemente amigables, simpáticos, bondadosos, atractivos y encantadores.
- Los pedófilos te sonreirán, te mirarán directo a los ojos y te harán creer que son dignos de confianza.

3. Agresores adolescentes
   - 23% de los agresores sexuales tenían menos de 18 años.
   - 40% de los agresores de víctimas de menos de 6 años eran jóvenes.
   - 50% de los abusos sexuales a niños son cometidos por jóvenes.
   - Son agresores en grupo más frecuentemente que los adultos.
   - A menudo socializan poco o pseudo socializan.
   - Son más agresivos sexualmente que los adultos.
   - Abusan de niñas con más frecuencia.
   - 90% son varones.

Cuando los niños abusan a otros niños, hay una fuerte correlación de que ellos mismos son víctimas. El género no es un rasgo distintivo en el abuso sexual de niño a niño. Se usa la intimidación y la fuerza. Si al niño se le dice que su comportamiento es inapropiado, usualmente continúa molestando, pero en secreto.[28]

La confesión de un ministro

La siguiente es una carta[29] escrita por un ministro que como parte de su restitución quiso advertir a los padres sobre la seguridad de sus hijos. Esto es para adultos y difícil de leer. Proceda con precaución.

Soy un abusador de niños. He abusado a más de 80 niñitas de edades entre 4 y 10 años. Por primera vez en mi vida acepto la responsabilidad por mi perversión y actividad criminal.

La razón por la que escribo este artículo es para familiarizarlos con mis tácticas, similares a las tácticas de otros abusadores, y ofrecer sugerencias que pueden ayudarles a proteger a sus hijos del abuso sexual. Angela R. Carl, en el libro Child Abuse, What You Can Do About It (Abuso Infantil, Qué puede hacer usted al respecto), declara que un niño es abusado cada dos minutos.[30]

Por primera vez impreso, estoy exponiendo mis propios métodos de operación para conquistar a mis víctimas y cómo manipulé a los padres, así como a las víctimas, a fin de abusar sexualmente de las niñas. Uso el sexo femenino porque todas las víctimas de mi abuso sexual eran niñas. Sin embargo, la misma estrategia es usada por abusadores de varones.

Yo le digo a la niña que nuestra relación es especial. "Tú eres mi niña especial. Yo te quiero en forma diferente que a cualquier otra niña". La víctima comprende que si se lo dice a alguien, la relación terminará.

Le recuerdo a la niña que su padre y su madre me aman, y que ellos están muy complacidos de que ella sea mi "niña especial". La víctima no querrá decepcionar a sus padres.

Le expreso a la niña que siempre seguiré haciendo cosas especiales por ella debido a nuestra relación tan especial y a que ella es mi niña especial. Está implícita la pérdida de privilegios si ella lo dijera.

También le expreso a la víctima que yo la estoy haciendo sentir bien y que ella me está haciendo sentir bien. Esto crea una creencia de responsabilidad recíproca. La niña cree que ella es responsable y no lo dirá.

Le digo a la niña que los dos sabemos que lo que estamos haciendo es muy malo y muy feo, y que nunca nadie debería saberlo. Esto crea una mutua responsabilidad, así que la víctima no lo dirá.

Yo cultivo y manipulo a los padres y a mi víctima hacia esta relación. Le enfatizo a la niña, en presencia de sus padres, cuánto disfruto al compartir una relación especial. Y viceversa, le digo a los padres, en presencia de la niña, cuánto aprecio la respuesta de la niña hacia mí y el progreso social y espiritual que observo en ella. Mi víctima entonces cree que los padres aprueban la relación.

Le expreso a la niña cuán decepcionados estarán sus padres si saben que estamos haciendo juntos esas "cosas feas", y le digo que yo sé "que nunca lo diremos a nadie". Nuevamente, la niña escoge no decepcionar a su familia.

A menudo le enfatizo a la víctima: "Tú no deberías dejarme hacer esto. Yo te amo y no quiero lastimarte, así que no me dejes hacerlo", sabiendo que ella no tiene control sobre ello. Pongo la responsabilidad sobre la víctima, haciéndola pensar que es su culpa, por consiguiente no lo dirá.

Le digo a ella: "Sólo esta vez y ya no más". La niña cree que será la última vez. Ella accede a experimentar la incomodidad de la situación y no lo dirá, a fin de tener la atención especial y los favores especiales.

Les digo a algunas de mis víctimas que si alguien nos descubre, probablemente yo estaré en problemas, puede ser que tenga que irme a algún otro lugar, y que nunca más la veré. Le enfatizo que ella también puede llegar a meterse en problemas. Continúo diciéndole: "Te extrañaré y no podré hacer por ti estas cosas especiales". Luego le recuerdo todas las cosas especiales que hago por ella.

Es importante establecer una atmósfera de confianza en el hogar, para que los niños compartan las experiencias que les asustan o les hacen sentir incómodos. Una vez que el niño ha sido asaltado, el ofensor está propenso a repetir la ofensa tan a menudo como pueda manipular la situación. Yo asalté sexualmente a algunas víctimas hasta cuatro docena de veces.

Escuche a su hija. La comunicación abierta es la mejor estrategia para proteger a su hija del abuso sexual. Una niña que no tiene quién la escuche, o que no percibe amor y cuidado, es más vulnerable a la explotación sexual.

Yo nunca abusé a una niña que me consideraba un extraño. Yo manipulaba cuidadosamente una relación de confianza, por lo general tanto con los padres como con los niños. Una interacción con una niña cambia el status de un extraño a un amigo. En lugar de advertir a la niña acerca de los extraños, sería mejor enseñarle a ser consciente de las acciones y comportamientos de los adultos hacia ella, o de situaciones creadas por alguno mostrando interés en ella.

Sospeche cuando alguien manipula la confianza y comienza a mostrar excesiva atención hacia su hija. Confronte al adulto y averigüe cuál es su motivación.

Nunca fuerce a una niña a besar o a abrazar a un adulto. Respete los sentimientos de la niña y permítale crear los límites de su relación con los adultos. Nunca obligue a una niña a ir a algún lugar con un adulto. Si la niña es reservada o se resiste, puede ser que tenga buenas razones.

Siempre créale a su hija. Si usted le muestra a su hija que a usted le importa y que desea escucharla, generalmente ella le dirá la verdad. Sea cuidadoso de no reaccionar en forma demasiado excesiva, porque así puede inhibir a la niña de decirle la historia completa. Si usted sospecha que la niña está mintiendo, permítale hablar. Ella se contradecirá si está siendo deshonesta o fabricando una historia. Si la niña ha sido sexualmente abusada, asegúrele que ella no tiene culpa en el asunto.

Como un abusador de niñas, soy muy sensible a la vulnerabilidad de una niña. Observo a las niñas que están emocionalmente privadas y a quienes se les niega el sentido de pertenencia y de ser amadas. Generalmente esas niñas me permitirán pasar tiempo con ellas. Llegarán a ser mis amigas especiales y escogerán estar conmigo—tolerando los malos momentos a cambio de todos los buenos ratos que compartimos, para tener la sensación de ser amada y cuidada y para no estar sola.

Creo un apegue comprándole a la niña cosas de las que pueda estar privada. Esto establece un vínculo inmediatamente y a menudo confianza. La niña está dispuesta a experimentar el momento de toque incómodo a fin de obtener recompensas tangibles. Una niña tiende a apegarse a cualquiera que quiere pasar tiempo con ella y que disfruta de las cosas que ella disfruta.

Observe el comportamiento de su hija y esté atento a los cambios. Un cambio repentino de comportamiento tal como retraimiento, rebeldía, agresión, pesadillas, temor de estar sola, mojar la cama, dolores de estómago, dolores de cabeza, incomodidad genital, miedo de ser abrazada, caída repentina de su rendimiento escolar y/o interés en la escuela, uso de conversación sexual más allá de su nivel de madurez o un deseo de escaparse de la casa son todos posibles indicios de abuso sexual. Una conversación con su hija puede revelar una situación que necesita ser encarada y pueda prevenir el abuso sexual.

Espero que algo de lo que he compartido sea de ayuda en la prevención del abuso sexual infantil. Cuando yo era niño fui abusado por un período de seis años. No confiaba en nadie y tenía miedo de compartir con cualquiera, y por eso continué soportando el abuso.

Pase tiempo con su hija. Es una de las mejores inversiones que usted puede hacer. Observe a su hija; es la mejor prevención del abuso sexual. SEA EL MEJOR AMIGO DE SU HIJA.

Apéndice III

Habilidades para escuchar

Hay dos formas de escuchar. La primera es el oír pasivamente, lo cual es escuchar sin reaccionar; permitiéndole a alguien hablar sin interrumpir, y sin hacer otra cosa al mismo tiempo. La segunda, oír activamente, incluye más que oír pasivamente; hay interacción entre el que habla y el que escucha con acuso de recibo por parte el que escucha. Convertirse en oidor activo incluye tres componentes esenciales:

1. Poner atención—Mire al que habla, escuche sus palabras y enfóquese en su lenguaje corporal. Sentarse a la altura de sus ojos ayuda. Escuche con su corazón, no sólo con su mente. El contacto visual es muy importante. No piense en qué es lo próximo que usted dirá. Recuerde lo que le están diciendo. Haga un esfuerzo consciente de escuchar no sólo las palabras que dice la otra persona, sino, más importante aún, trate de comprender el mensaje completo que le está transmitiendo.
2. Demuestre que está escuchando—Mueva la cabeza, sonría, use otras expresiones faciales, asegúrese de que su postura es abierta (en lugar de tener los brazos cruzados), haga pequeños comentarios como "ya veo" o "sí" o "uh huh",
3. Provea retroalimentación—Repita lo que se dijo parafraseando. "Lo que estoy oyendo es..." y "Parece que estás diciendo..." son buenas maneras de repetir lo dicho. Haga preguntas para clarificar ciertos puntos. "¿Qué quieres decir cuando dices...?" "¿Es eso lo que quieres decir?". Resuma periódicamente los comentarios del que habla.

Especialmente si éste está mostrando emociones en forma verbal o no verbal, el oyente activo puede describir la emoción como "Parece que eso te entristece" o "Escucho tu frustración".

"El oidor activo da al que habla el sentimiento de ser comprendido. Este es uno de los mejores sentimientos del mundo—como una brisa de aire fresco, o un suspiro de alivio".[31]

A continuación se enumeran algunas cosas que no son parte de escuchar activamente:

- Hacer preguntas capciosas
- Dar consejos
- Disentir
- Explicar
- Descontar
- Cambiar el tema
- Negar los sentimientos del otro
- Enojarse
- Juzgar
- Sermonear
- Analizar
- Resolver problemas
- Mostrarse distraído o aburrido
- Condescender
- Apaciguar
- Agregar su propia interpretación
- Hacer sugerencias útiles
- Bromear
- Comparar
- Interrogar
- Decirle a alguien cómo él siente
- Mostrarle que está equivocado

Para el desarrollo adicional de sus habilidades para escuchar activamente, practique con su esposa, hermano o amigo para prepararse mejor para ministrar a los sobrevivientes. Póngase de acuerdo con su compañero que usted escuchará por cinco minutos mientras él describe alguna experiencia que tuvo (aún mejor si es algo emocionalmente cargado). Entonces pídale que le escuche a usted por cinco minutos. Después que ambos han compartido, hablen acerca del proceso como oidor y como hablante. ¿Cómo se siente ser escuchado? ¿Qué puedes hacer para mejorar tus habilidades para escuchar?

Apéndice IV

Trastorno de estrés postraumático y Flashbacks

El síndrome de estrés postraumático, o SEPT, puede ocurrir después que alguien atraviesa, ve o se entera de algún incidente traumático. El abuso infantil sexual o físico y el asalto sexual/físico son eventos traumáticos.

El SEPT tiene cuatro síntomas principales:[32]

1. Revivir el evento—Los recuerdos de incidentes traumáticos pueden regresar en cualquier momento. Usted puede sentir el mismo temor y horror que sintió durante el evento. Puede tener pesadillas o sentir que le está sucediendo otra vez. Esto es un pantallazo. A veces hay un detonante—algo que oye o ve que le hace revivir el evento.
2. Evitar situaciones que le recuerdan el evento—Usted puede tratar de evitar situaciones o personas que desencadenen recuerdos del evento traumático. Usted puede inclusive evitar hablar o pensar sobre el evento.
3. Sentirse adormecido—Puede que a usted se le haga difícil expresar sus sentimientos. Esta es otra forma de evitar los recuerdos. También puede ser difícil recordar o hablar sobre algunos detalles del trauma. Puede encontrar difícil experimentar sus emociones. Usted puede no tener sentimientos positivos o amorosos hacia otros y evitar las relaciones.
4. Sentirse agitado (también llamado híper-excitado) —Usted puede estar nervioso, o siempre alerta y atento al peligro.

> Puede airarse o irritarse repentinamente. Esto se llama híper-excitación. Puede querer tener su espalda pegada a la pared en un restaurant o sala de espera. Un fuerte ruido puede asustarlo fácilmente. Si alguien le choca, puede que usted se monte en cólera.

Prevenir los pantallazos, si es posible, es la mejor forma de manejar el SEPT. A menudo son disparados por algún tipo de recordatorio de un evento traumático. Si usted puede identificar sus disparadores, entonces puede llegar a evitarlos o crear un plan para lidiar con ellos. Los pantallazos pueden parecer llegar sin aviso, pero generalmente hay señales tempranas de advertencia y es importante aprender cuáles son éstas. A veces las personas tienen un sentimiento como que "se le erizan los pelos" o sienten como que se retraen de las personas. Cuando mejor pueda detectar sus señales tempranas, más podrá usted tomar medidas para lidiar con ellas.

La meta para manejar los pantallazos es estar afirmado en el presente. Éstas son algunas de las cosas que puede hacer:

- Abra sus ojos.
- Tome inspiraciones de aire lentas y profundas.
- Cambie de posición.
- Mire alrededor de la habitación y nombre objetos que usted ve. Si es posible, nómbrelos en voz alta. Muévase a otra habitación o ubicación.
- Si es posible, esté con alguien en quien usted confía que sepa cómo ayudar. Vaya a un lugar seguro.
- Hable acerca de ello si puede.
- Deje salir sonidos—llore, grite, etc.
- Recuérdese a usted mismo que está está experimentando un recuerdo. El evento ocurrió en el pasado. No está sucediendo ahora.
- Cuando usted pueda, escriba lo que la experiencia del pantallazo le enseñó acerca de usted mismo, su historia, y su patrón de comportamiento actual.
- No maneje ni opere maquinarias hasta que esté totalmente en el presente.

Apéndice V

Cuidado personal para los sobrevivientes

1. Hable acerca de ello. Está bien decirlo.
2. Deje ir los sentimientos de culpabilidad. No es su culpa. Usted no pudo haberlo detenido. No hizo nada equivocado.
3. Exprese sentimientos de forma constructiva:
   - Hable acerca de lo que está sintiendo.
   - Escriba en un diario íntimo.
   - Escriba cartas.
   - Haga algo físico: ejercicio, retuerza o muerda una toalla, golpee una almohada, grite, patee algo suave.
4. Confronte a su abusador mediante:
   - Escribir una carta (léala a su amigo, terapeuta o grupo)
   - Hablarle a una silla vacía.
   - Hablarle a la tumba de la persona.
   - Confrontar directamente sólo si usted no tiene la expectativa de que la persona cambiará o que admitirá el abuso, y sólo cuando usted tenga en claro los límites que usted le colocará a él/ella. No es necesario confrontar directamente a su abusador para sanarse, aunque es importante si usted quiere tener una relación con él.
5. Desarrolle un "kit" de emergencia:
   - Lista de personas que se preocupan por usted.
   - Lista de números telefónicos de personas de apoyo.
   - Lista de cosas que le han ayudado en el pasado.
   - Versículos bíblicos, poemas, y artículos que son significativos para usted.

- Mascotas y/o peluches.
- Pinturas.
- Recuerdos que le eleven
- Lista de cosas positivas acerca de usted mismo.
- CDs, DVDs, etc. que le ayuden.

6. Coloque límites:
   - Consigo mismo, cuídese mediante:
     - Tomar tiempo para mimarse a usted mismo.
     - Relaje las demandas perfeccionistas que se ha puesto
   - Con otros, cuídese a usted mismo mediante:
     - Decir NO cuando sea necesario en su rol de cuidador.
     - Decir NO a los requerimientos y demandas de otros.
     - Decir NO a ser responsable por los sentimientos de otros.
     - Decir NO al trabajo de mantener a la familia y amigos felices y de mantener "el barco a flote".
     - Decir NO al toque que usted no quiere. Usted tiene derecho a ser tocado sólo cuando y de la forma que desea que lo toquen, como usted quiera y sólo por personas que usted elija.

7. Aprenda a disfrutar de la vida:
   - Pase tiempo con los niños, y note cuán pequeños y vulnerables son. Deje su "niño interior" juegue con ellos.
   - Sonría a las personas y dele un cumplido a alguien.
   - Conozca a otros sobrevivientes.
   - Permítase el regalo de terapia individual y de grupo.
   - Dese cuenta de que ya usted no es una víctima. Usted es un sobreviviente en vías de crecimiento.
   - Desarrolle sus intereses (coser, hacer acolchados, Sudoku,
   - Propóngase metas personales y profesionales.
   - Aprenda a tomar la vida menos en serio.
   - Aprenda a hacer algo nuevo.
   - Lea un libro, historias, poemas.
   - Salir a mirar vidrieras.

8. Cuidado físico personal:
   - Mantenga una nutrición adecuada.

- Duerma de seis a ocho horas cada noche.
- Haga ejercicio de quince a veinte minutos al día, tres a cinco veces a la semana—encuentre un tipo de ejercicio que le guste.
- Siga una rutina diaria de cuidado personal.
- Evite alimentos chatarra y sustancias dañinas
- Reciba semanalmente masajes terapéuticos.
- Hágase chequeos físicos y dentales regulares.
- Respire aire puro.

9. Cuidado personal espiritual:
   - Exprese gratitud por el don de la vida.
   - Ore, medite, lea material inspirador, etc.
   - Practique la compasión y el perdón hacia usted mismo y hacia otros.
   - Reaccione humildemente cuando no tenga las respuestas "correctas".
   - Pase tiempo en la naturaleza, siéntese al sol, observe pájaros y animales, coleccione piedras, observe las estrellas.
   - Exprese gozo.
   - Disfrute del arte—un libro, un museo, una galería, una exhibición
   - Cante, toque un instrumento musical, escuche música.
   - Transforme la soledad en quietud, paz y solaz.
   - Experimente intimidad y ternura en las relaciones con otras personas.
   - Rinda culto a Dios con otros creyentes en un espacio seguro.

Apéndice VI

Nombres bíblicos/Descripciones de Dios

- Abba (Romanos 8:15), Abogado (1 Juan 2:1), Admirable (Isaías 9:6), Agua Viva (Juan 7:38, 4:10), Alfa (Apocalipsis 22:13), Alfarero (Isaías 64:8 RVR1995), Altísimo (Salmos 9:2), Amado (Mateo 3:17, 17:5), Amén (Apocalipsis 3:14), Amigo (Juan 15:15), Amor (1 Juan 4:8), Anciano de Días (Daniel 7:9), Aurora (Lucas 1:78 LBLA), Autor (Hebreos 12:2), Ayuda (Salmos 10:14) Bendito, Bueno, Bondad, Bastón, Buscador de Canciones.
- Bondad (1 Samuel 20:14 DHH), Bueno (Salmos 25:7)
- Calmador de tormentas (Marcos 4:39), Camino (Juan 14:6), Capitán (Josué 5:13-15 LBLA), Celoso (Éxodo 34:14), Cercano (Salmos 34:18), Como un águila (Éxodo 19:4), Compasivo (Salmos 86:15), Compositor (Salmos 40:3 NTV), Consejero (Isaías 9:6), Consolador (Juan 14:26), Consumador (Hebreos 12:2), Cordero de Dios (Juan 1:29), Creador (Isaías 40:28), Cristo (Mateo 16:16), Cuerno de mi salvación (2 Samuel 22:3)Defensor, Deleitoso, Deseado de Todas las Naciones, Día Radiante, Divino, Don, Dador, Dios Que Me Ve, Dócil, Dueño, Digno de Alabanza, Derecho, Descanso, Diestro, Digno.
- Dador de vida (Salmos 119:50), Defensor (Salmos 68:5), Deleite (Salmos 43:4 NBD), Deseado de todas las naciones (Hageo 2:7), Digno (Apocalipsis 4:11), Digno de alabanza (Deuteronomio 10:21 NTV), Digno de confianza (Salmos 11:7), Dios que me ve (Genesis 16:13 NBD), Dueño (Salmos 50:10)
- Ejemplo (1 Pedro 2:21), El Que Soy (Éxodo 3:14), El-Shaddai, Dios Todopoderoso (Génesis 35:11 NTV), Elegido de Dios (Juan 1:34

NTV), Elohim (Génesis 1:1), Emanuel (Mateo 1:23), Entendido (Salmos 147:5), Escudo (Salmos 3:3), Esperanza (Salmos 25:5), Espíritu (Juan 16:13), Espíritu Santo (Juan 14:26), Esplendor (1 Crónicas 16:29 NTV), Estrella resplandeciente de la mañana (Apocalipsis 22:16), Eterno (Hebreos 9:14), Exaltado (Salmos 57:5, 18:46), Exaltador (Salmos 75:10)Generoso, Guía, Guardián, Grande, Glorioso, Gracioso, Gozo, Guardador, Gobernante.

- Fiel (Apocalipsis 3:14), Fin (Apocalipsis 21:6), Fortalecedor (Salmos 89:21), Fortaleza (Salmos 27:1), Fuego (Hebreos 12:29), Fuego consumidor (Hebreos 12:29), Fuego purificador (Malaquías 3:2), Fuente (Apocalipsis 21:6), Fuente de agua (Juan 4:14), Fuerte (Salmos 71:7), Fuerza (Salmos 22:19 LBLA), Fundamento (1 Corintios 3:11)Imponente, Inagotable, Instructor, Inmortal, Incomprensible, Incomparable, Infinito, Invisible, Infalible, Invencible, Inefable, Intercesor, Inspirador, Incambiable, Imbatible, Incansable, Ilimitado.
- Galardonador (Hebrews 11:6), Generoso (Psalm 13:6 NBLH), Guía (Salmos 48:14), Glorioso (Isaías 28:5), Gobernante (Salmos 55:19 NTV), Gozo (Salmos 43:4), Grande (Salmos 48:1), Guardador (Salmos 121:5), Guerrero – "Yahweh" (Éxodo 15:3)
- Hábil, Hacedor (Isaías 54:5), Heredero de todo (Hebreos 1:2), Herido (Isaías 53:5), Hijo (Juan 3:16), HIjo del hombre (Juan 12:23), Humilde (Mateo 11:29)
- Imponente (Salmos 47:2 NVI), Inagotable (Salmos NTV), Incomparable (Efesios 2:7 NBD), Infinito (Salmos 147:5 NBD), Inmortal (1 Timoteo 1:17), Inmutable (1 Samuel 15:29), Insondable (Efesios 3:8) Intercesor (Romanos 8:26-27), Invisible (Colosenses 1:15),
- Jehová (Salmos 83:18), Jehová de los Ejércitos (Salmos 24:10), Jesús (Lucas 1:31), Juez (2 Timoteo 4:8), Justicia (Salmos 7:17), Justificador (Romanos 3:26), Justo (Isaías 45:21)
- Legislador (Isaías 33:22), Lento para la ira (Salmos 86:15), Libertador (Salmos 70:5 Libertador (Salmos 18:19), Luz del mundo (Juan 8:12)
- Maestro (Juan 13:13, 14:26), Magullado (Isaías 53:5 PDT), Majestad (Hebreos 8:1), Manantial de la vida (Salmos 36:9), Mano (Salmos 63:8 DHH), Manso (Mateo 11:29), Marido – "Ishi" (Oseas 2:16), Mediador (1 Timoteo 2:5), Médico (Salmos 41:3 NTV), Mesías (Mateo 16:16 DHH), Misericordioso (Salmos

116:5), Misterioso (Job 11:7-12), Morada (Salmos 132:7 LBLA)

- Novio (Mateo 25:1)
- Oidor (Salmos 22:24), Oidor de oraciones (Salmos 6:9), Omega (Apocalipsis 22:13)
- Paciente (1 Corintios 13:4), Padre (Juan 3:35), Padre Eterno (Isaías 9:6), Pan de vida (Juan 6:35), Pastor (Salmos 23:1), Paz (Efesios 2:14), Perdonador (Efesios 4:32), Perfecto (Salmos 18:30), Piadoso (Éxodo 34:6), Piedra del ángulo (Efesios 2:20), Piedra viva (1 Pedro 2:4), Pionero (Hebreos 12:2), Plenitud (Efeios 3:19), Precioso (Salmos 139:17), Príncipe (Apocalipsis 1:5 RVA), Príncipe de Paz (Isaías 9:6), Principio (Apocalipsis 1:8), Poderoso (Salmos 50:1 LBLA), Portador de cargas (Mateo 11:30), Protector (Salmos 7:1 DHH), Proveedor (Salmos 68:10), Puerta (Juan 10:9), Purificador (Malaquias 3:3 NBD), Puro (Hebreos 7:26 NBD)
- Rabboni – "Maestro" (Juan 13:13), Redentor (Job 19:25), Refinador (Malaquías 3:3), Refrigerio (Hechos 3:19), Refugio (Salmos 32:7, 62:8), Regalo (Santiago 1:17 NTV), Reposo (Salmos 62:5), Rescate (Mateo 20:28), Resplandeciente (Salmos 76:4 LBLA), Restaurador (Salmos 80:19), Resurrección (Juan 11:25), Retoño (Isaías 11:1 NTV), Rey (Apocalipsis 17:14), Roca (Salmos 18:31)
- Sabiduría (Salmos 104:24), Saciador (Salmos 107:9), Sacrificio (Hebreos 9:28), Salvación (Éxodo 15:2 DHH), Salvador (2 Samuel 22:47), Sanador (Éxodo 15:26), Santificador (Juan 17:19), Santo (Salmos 71:22), Santuario (Salmos 63:2), Señor – "Adonai" (Isaías 6:1), Servidor (Romanos 15:8), Sin límite (Efesios 3:21), Soberano (Deuteronomio 10:17 DHH), Sol (Malaquías 4:2), Sombra (Salmos 121:5), Suficiente (2 Corintios 12:9 RVC), Sumo Sacerdote (Hebreos 4:14), Sustentador (Salmos 63:8)
- Testigo (Apocalipsis 3:14), Tierno (Salmos 145:9 DHH), Todopoderoso (Génesis 17:1), Torre (Salmos 61:3), Transformador (2 Corintios 3:18), Triunfante (Salmos 45:4 DHH)
- Ungido (Daniel 9:25-26 NTV), Unigénito (Juan 1:18)
- Vara (Salmos 23:4), Varón de Dolores (Isaías 53:3), Vencedor (Apocalipsis 17:14 LBLA), Verbo (Juan 1:1), Verbo encarnado (Juan 1:1, 14), Verdad (Salmos 31:5, 45:4), Verdadero (Apocalipsis 3:14, 19:11), Vid (John 15:5), Vida (Juan 1:4), Vindicator (Psalm 57:2), Vino (Mateo 26:27-28), Vivificador (Salmos 143:11)

Apéndice VII

Información sobre la violencia doméstica

Una de cada cuatro mujeres en la comunidad cristiana está siendo abusada por un compañero o ha sido abusada alguna vez en el pasado. ¿Cuántas serían en su congregación? No se engañe por la apariencia de que todo está bien. Está sucediendo más a menudo de lo que nos damos cuenta. Aproximadamente 1,500 mujeres son asesinadas cada año por esposos o novios. Aproximadamente dos millones de hombres cada año golpean a sus compañeras. Esta es una situación muy seria, y mientras más sepamos, estaremos más capacitados para traer esperanza y curación a las mujeres y a los hombres atrapados en esta tragedia. Aunque no todas las víctimas de violencia doméstica son mujeres en relación matrimonial, aproximadamente el 90% lo son. En esta sección de información, me referiré a la víctima como mujer y al abusador como hombre.

¿Cuáles son las señales de advertencia?[33]

Hay algunas señales y síntomas reveladores de abuso emocional y violencia doméstica. Si usted observa cualquiera de estas señales indicadoras de abuso, tómelas seriamente.

Las mujeres que están siendo abusadas pueden:

- Parecer asustadas o demasiado ansiosas de complacerlo.
- Asentir a cualquier cosa que él diga o haga.
- Llamarlo a menudo para informarle de dónde está y qué está haciendo.
- Recibir frecuentes llamadas hostigándola.
- Hablar frecuentemente sobre su temperamento, celos o que es

muy posesivo.
- Mostrar frecuentemente signos de trauma, con la excusa de "accidentes".
- Vestir ropas diseñadas para ocultar moretones o cicatrices (por ej. llevar mangas largas en verano o lentes de sol dentro de la casa.
- Tener muy baja autoestima, aún si antes era segura de sí misma.
- Mostrar cambios importantes de personalidad (por ej. una persona sociable se hace retraída)
- Ser depresiva, ansiosa o suicida.

Las personas que están siendo aisladas por su abusador pueden:

- Ser restringidas de ver familiares y amigos.
- Salir raramente en público sin su compañero.
- Tener limitado el acceso al dinero, tarjetas de crédito o el carro.

¿Quiénes son los abusadores?

La violencia doméstica atraviesa todos los límites sociales, económicos y religiosos. No existe el "típico" abusador. En público, puede parecer amigable y cariñoso con su compañera y su familia. Frecuentemente sólo abusa detrás de puertas cerradas. También tratan de esconder el abuso causando traumas que pueden ser ocultados o que no necesitan atención médica.

Muchas personas piensan que los abusadores de violencia doméstica están fuera de control, locos, y que son impredecibles, pero frecuentemente son todo lo contrario. La violencia que practican los abusadores es controlada y manipuladora. Ellos creen que tienen el derecho a controlar a sus esposas. Su necesidad de controlar es mucho mayor que su capacidad de amar a su esposa e hijos. Minimizan el impacto y el efecto de su abuso. Esta minimización del abuso hace que sus compañeras sientan que están reaccionando exageradamente. Culpan a su compañera por el abuso y pueden culpar al alcohol, drogas, sus padres, su trabajo, su iglesia, o cualquier cosa para justificar su comportamiento.

Las sutiles señales de alarma que caracterizan a muchos abusadores incluyen:[34]

- Insisten en entrar en una relación demasiado rápido.
- Pueden ser muy encantadores y parecer demasiado buenos para ser de verdad.
- Insisten en que su compañera deje de participar en actividades recreativas o de pasar tiempo con familiares y amigos.
- Son extremadamente celosos o controladores.
- No toman responsabilidad por sus acciones y culpan a otros por cualquier cosa que salga mal.
- Critican la apariencia de su compañera y la rebajan frecuentemente.
- Sus palabras no concuerdan con sus acciones.

Las creencias comunes de los abusadores incluyen:

- La ira causa violencia.
- Las mujeres son manipuladoras.
- Si no la controlo a ella, ella me controlará a mí.
- Romper cosas no es abusivo, es desahogo.
- A veces no hay otra alternativa que la violencia.
- Las mujeres son tan abusivas como los hombres.
- Las mujeres quieren ser dominadas por los hombres.
- Alguien tiene que tomar las riendas.
- Los celos son naturales en los hombres.
- La violencia es una falla de la comunicación.
- Los hombres no pueden cambiar si las mujeres no lo hacen.
- En los círculos cristianos podemos añadir:
    - Las mujeres deben ser sumisas.
    - Ella debe obedecerme; yo soy la cabeza de la casa.
    - Yo simplemente estoy siguiendo Efesios 5:22.

¿Cuál es el ciclo del abuso?

Lenore Walker, una psicóloga, halló que muchas relaciones violentas siguen un patrón o ciclo común.[35] El ciclo completo puede producirse en un día, o puede tomar semanas o meses. Aunque es un patrón común, no todas las parejas lo siguen exactamente.

Este ciclo tiene tres fases:

- Fase de acumulación de tensiones—Las tensiones se acumulan mediante la mala comunicación, agresión pasiva, elevación de tensiones interpersonales, y temor de producir un arrebato en el compañero. Durante esta etapa ella puede intentar modificar su comportamiento para evitar provocar que él explote. Nada de esto detendrá la violencia. Eventualmente la tensión alcanzará un punto de ebullición y comenzará el abuso físico.

- Episodio agudo de ataque—Cuando la tensión llega a su pico, comienza la violencia física. Generalmente es disparado por la presencia de un evento externo o por el estado emocional de él—pero no por el comportamiento de ella. Esto significa que el inicio del episodio de ataque es impredecible y fuera del control de ella.
- Fase de luna de miel—Primero, el abusador se siente avergonzado por su comportamiento. Expresa remordimiento, trata de minimizar el abuso y puede aún culparse a sí mismo. Puede que entonces muestre un comportamiento amoroso, bondadoso, seguido por disculpas, generosidad y amabilidad. Intentará con sinceridad convencerla de que el abuso no sucederá otra vez. Este comportamiento amoroso y contrito fortalecerá los vínculos entre la pareja y probablemente la convencerá, una vez más, de que no es necesario dejar la relación.

Este ciclo continúa una y otra vez, y puede ayudar a explicar por qué ella permanece en la relación abusiva. Puede que el abuso sea terrible, pero las promesas y la generosidad de la fase de luna de miel le dan a ella la falsa creencia de que todo estará bien. En etapas posteriores del abuso, sin embargo, la fase de luna de miel a menudo está ausente.

¿Por qué la persona abusada permanece?

Mientras que la mayoría de las mujeres golpeadas eventualmente dejan a los abusadores, de un cuarto a una tercera parte de ellas permanecen en la relación abusiva. Hay una variedad de razones. Éstas son algunas de ellas:

- Amor—Ella lo ama. Después de todo, él no es violento siempre. Él le dice que cambiará y ella quiere creerle. Ella quiere que cese la violencia, no que termine la relación
- Temor—Ella le teme, creyendo que él es casi "como Dios". Él puede amenazar una y otra vez con que la va a lastimar a ella, sus hijos, una mascota, un familiar, a una amiga o a sí mismo. Puede que ella permanezca en la relación porque tiene miedo de lo que él hará si ella lo deja. Muchos estados

tienen poca o ninguna protección para una esposa golpeada. Aún los estados que tienen protección pueden no imponer la ley consistentemente, especialmente si él es creíble y niega el abuso.

- Baja autoestima—Cuando él la insulta, la rebaja y hace juegos mentales, la puede hacer sentir mal de sí misma. Ella puede racionalizar el abuso, creyendo que debe haber "merecido" eso.
- Financiero—Puede que ella no lo deje porque teme que no tendrá suficiente dinero para sustentarse sola – un temor que a menudo empeora si tiene hijos. Los abusadores arreglan las finanzas de modo que ella no tenga acceso a los fondos familiares.
- Creer que el abuso es normal—Ella puede haber vivido en un hogar en el cual uno de los padres golpeaba al otro y/o a los hijos y considera la violencia como una parte inevitable en la forma que las parejas se relacionan. O ella puede haber vivido en un hogar donde la esposa era sumisa al esposo, pero no había abuso. Ella cree que si ella fuera una mejor esposa no ocurriría el abuso.
- Religioso o social—Ella puede ser influenciada por su iglesia o pastor a quedarse en lugar de terminar la relación porque eso es lo que Dios quiere. Él es generalmente muy encantador, talentoso y creíble. Las personas no pueden creer que él haría una cosa tal. Ellos creen que ella está exagerando y quizás necesita orar más, mostrar un espíritu más sumiso o usar a Abigaíl como ejemplo.

¿Por qué la violencia doméstica es también espiritualmente abusiva?

Las tácticas de abuso espiritual[36] pueden causar un daño considerable a las víctimas de violencia doméstica, haciéndoles cuestionar sus valores y creencias espirituales. He aquí algunos ejemplos de abuso espiritual usado por los responsables:

- Los abusadores citan las Escrituras para justificar un comportamiento abusivo, dominante u opresivo.
- Los abusadores niegan a su pareja la libertad de practicar la religión de su elección.
- Los abusadores obligan a sus parejas a violar sus creencias religiosas.
- Los abusadores avergüenzan o denigran a sus parejas por sus

prácticas religiosas.

- Los abusadores hacen demandas opresivas basadas en su interpretación de las Escrituras u otras enseñanzas religiosas (ej. "Las Escrituras dicen que tú debes obedecerme porque eres mi esposa").
- Los abusadores le causan culpa religiosa a las víctimas por no hacer lo que ellos les exigen que hagan (ej. "¿Cómo puedes considerarte creyente si no me perdonas?").
- El sentido que tienen los abusadores del derecho marital hace que ellos justifiquen sus demandas sexuales, incluyendo el sexo forzado (violación sexual).
- Los abusadores manipulan a otros en sus comunidades religiosas para controlar y aislar a sus parejas.

Sugerencias para consejería:[37]

- No se recomienda dar consejería conjunta hasta lidiar completamente con la violencia doméstica porque:
    - La violencia doméstica no es lo mismo que un asunto de relación matrimonial. Es un asunto individual para él, primero y principalmente. Corregir patrones de comunicación, etc. no funciona y pone en ella la responsabilidad de controlar la violencia, algo que ella no puede hacer.
    - El solo manejo de la ira no funciona; esto también pone en ella la carga de cambiar su comportamiento para no provocarlo a él.
    - Esto inhibe su libertad para hablar honestamente.
    - Esto le da a él poder sobre ella a través de la amenaza silenciosa y la manipulación.
    - Esto la pone a ella en peligro de represalia después de la sesión de consejería.
- Cosas a tener en cuenta si ella viene a pedirle ayuda:
    - No pierda de vista las señales de advertencia—Ella puede venir a usted pensando que es ella la que necesita ayuda para ser más sumisa u "obediente". Sólo porque ella no se ve a sí misma como abusada no significa que no lo es. Ella puede sentir vergüenza de contarle a usted acerca de lo que está sucediendo y puede querer proteger

su reputación. La violencia doméstica es un gran secreto. Hacer algunas preguntas específicas ayuda:
  - ¿Sientes a veces miedo de él?
  - ¿Qué sucede cuando tú expresas una opinión diferente de la de él?
  - ¿Alguna vez te ha cacheteado o empujado, golpeado o amenazado?
- Créale—Asuma que ella está diciendo la verdad aún si él es un líder de la iglesia o gran contribuyente de la iglesia.
- Comprenda que ella está minimizando su experiencia—Posiblemente ella le está dando sólo una pequeña vislumbre de la situación real para ver cómo usted reacciona.
- Evalúe sus necesidades de seguridad—Tome las amenazas seriamente y recuerde que el abuso verbal es igualmente tan destructivo como la violencia física.
- No se enfoque en su comportamiento—Enfóquese en su seguridad y en su salud física, emocional y espiritual. Nombre el abuso, llámelo por su nombre; es pecado contra Dios y contra ella.
- No la haga a ella responsable por mantener a la familia unida—La separación no es su culpa. Ella no debería ser culpada por buscar la seguridad. No se le debería aconsejar que se quede cuando su seguridad está en juego.
- No se rehúse a creer que él puede hacer una cosa tal—La mayoría de los abusadores se presentan a sí mismos como simpáticos, espirituales y dedicados a sus familias. Pero son maestros manipuladores que usan las Escrituras para justificar su uso del poder y el control para "salvar a la familia para Dios".
- No contacte al abusador para contarle acerca de la visita de su esposa sin su permiso o sin tener listo un plan de seguridad—Ella será expuesta a un gran peligro físico.
- No confronte al abusador solo—Siga el consejo de Mateo 18 y siempre tenga a alguien con usted. Asegúrese de que haya un plan de seguridad para usted, la iglesia y ella. Tenga un plan para que él consiga ayuda.
- No asuma que el abusador cambiará si se arrepiente de su pecado—su arrepentimiento puede ser genuino, pero todavía hay consecuencias de sus acciones y trabajo que él necesita

realizar. La única forma de saber si el cambio es genuino es luego de un período de tiempo.

- No descarte una separación estructurada ni promueva la reconciliación demasiado pronto—si él ha cambiado verdaderamente, estará dispuesto a esperar y hacer el trabajo necesario. No estimule la reconciliación demasiado pronto. Muchos programas de tratamiento recomiendan un mínimo de seis meses de tratamiento y seis meses adicionales de seguimiento. Los estudios indican que el 50% de los ofensores citados a corte reincidirán en los siguientes cinco años. Si él ha cambiado verdaderamente, estará dispuesto a esperar a fin de reestablecer la confianza. Él respetará los límites de ella en cada situación. Necesitará una estructura de contabilidad, probablemente por el resto de su vida.

¿Cuáles son los recursos disponibles para las víctimas?

Las víctimas tienen muchas opciones, desde obtener una orden de protección a permanecer en un refugio, o explorar opciones a través de grupos de apoyo o llamadas anónimas a un refugio local para violencia doméstica o un programa de línea directa. Hay esperanza para las víctimas, y ellas no están solas. A través de los Estados Unidos hay miles de refugios que proveen seguridad, consejería, ayuda legal, y otros recursos para las víctimas y sus hijos.[38]

- Si usted está en peligro, llame al 911, una línea directa local o nacional.
- www.nnedv.org
- National Network to End Domestic Violence (Red nacional para poner fin a la violencia doméstica) tiene consejos y recursos de seguridad.
- www.ndvh.org

National Domestic Violence Hotline (Línea directa nacional de ayuda para la violencia doméstica); 800-799-SAFE/800-799-7233, y 800-787-3224 (TTY). Línea directa las 24 horas. Provee intervención en la crisis y recomendación a servicios y refugios locales para víctimas de abuso conyugal o de parejas. Intercesores que hablan inglés y español están disponibles 24 horas al día, siete días a la semana. Es un personal compuesto por voluntarios entrenados que están listos para conectar a las personas con ayuda de emergencia en sus propias comunidades, incluyendo servicios y refugios de emergencia.

- www.loveisrepect.org
  U.S. National Teen Dating Abuse Hotline (Línea nacional de ayuda para abuso en citas de adolescentes): Teléfono 1-866-331-9474
- www.womenslaw.org
  Women´s Law (Ley de las mujeres) tiene información legal y recursos para víctimas.
- www.clicktoempower.com
  The Allstate Foundation (Fundación de Allstate) tiene recursos para poner fin al abuso financiero.
- http://www.focusministries1.org
  FOCUS Ministries (Ministerios FOCUS) está dedicado a ofrecer esperanza, aliento, educación, y asistencia a mujeres y familias que luchan en circunstancias difíciles, especialmente matrimonios disfuncionales, abuso de pareja (violencia doméstica), separación, o divorcio.

NOTA: Antes de usar recursos online, sepa que su computadora o teléfono puede no ser seguro. Algunos abusadores dan uso incorrecto a la tecnología para asediar y rastrear todas las actividades de la pareja.

Apéndice VIII

Información sobre asalto sexual

La siguiente información sobre abuso sexual es tomada del U.S. Department of Health and Human Services Office on Women's Health[39] (Oficina de salud de la mujer del departamento de salud y recursos humanos de los Estados Unidos).

¿Qué es asalto sexual?

Asalto sexual y abuso son cualquier tipo de actividad sexual a la cual usted no consiente, incluyendo:

- Toque inapropiado.
- Penetración vaginal, anal u oral.
- Relación sexual a la que usted dice que no.
- Violación.
- Intento de violación.
- Acoso sexual de un niño.

El asalto sexual puede ser verbal, visual, o cualquier cosa que fuerce a una persona a unirse en contacto o atención sexual no deseada. Algunos ejemplos son el voyeurismo (cuando alguien mira un acto sexual privado), exhibicionismo (cuando alguien se expone a sí mismo en público), incesto (contacto sexual entre miembros de la familia), y acoso sexual. Puede ocurrir en diferentes situaciones: en el hogar por alguien conocido, en una cita, o por un extraño en un lugar aislado.

La violación es una forma común de asalto sexual. Puede ser cometida en varias situaciones—en una cita, por un amigo o conocido, o cuando usted piensa que está solo. Edúquese usted mismo sobre las drogas de "violación de cita". Estas pueden ser introducidas en una bebida cuando la víctima no está mirando. Nunca deje su bebida sin atender—no importa dónde esté. Los agresores usan drogas de "violación de cita" para hacer a la persona incapaz de resistir el asalto. Estas drogas también pueden causar pérdida de memoria, de manera que la víctima no sabe qué fue lo que sucedió. La violación y el asalto sexual nunca son culpa de la víctima—no importa dónde ni cómo sucedió.

¿Qué hago si he sido sexualmente asaltada?

Los siguientes son pasos importantes a tomar inmediatamente después de un asalto:

- Aléjese del agresor a un lugar seguro tan pronto como pueda. Entonces llame al 911 o a la policía.
- Llame a un amigo o a un familiar de confianza. También puede llamar a un centro de crisis o a una línea directa para hablar con un consejero. Una posible línea directa es la National Sexual Assault Hotline (Línea directa nacional de ayuda para el asalto sexual) en el 800-656-HOPE (4673). Son normales los sentimientos de vergüenza, culpa, temor, y shock. Es importante obtener consejería de un profesional de confianza.
- No lave, peine o limpie ninguna parte de su cuerpo. Si es posible, no se cambie de ropa, así el personal del hospital puede recoger evidencia. No toque o cambie nada en la escena del asalto.
- Acuda a la sala de emergencias más cercana tan pronto le sea posible. Usted necesita ser examinado, tratado por cualquier trauma, y revisado por posibles infecciones de transmisión sexual (ITS) o embarazo. El médico recogerá evidencia usando un kit de violación para fibras, cabellos, saliva, semen, o ropas que el agresor pueda haber dejado.
- Una vez en el hospital:
    - Si usted decide que quiere hacer un informe policial, usted o el personal del hospital puede llamar a la policía desde la sala de emergencias.
    - Pídale al personal del hospital que le conecte con el centro de crisis más cercano. El personal del centro de crisis puede ayudarle a decidir si reportar o no el ataque y obtener ayuda a través de consejería y grupos de apoyo.

¿Cómo puedo reducir mis riesgos de asalto sexual?

Hay cosas que usted puede hacer para reducir la probabilidad de ser sexualmente asaltado. Siga estos consejos del National Crime Prevention Council (Concilio Nacional para Prevención del Crimen):

- Esté atento a su entorno—quién está allá afuera y qué está sucediendo.
- Camine con confianza. Cuanto más confiado usted se vea, más fuerte parecerá.
- Conozca sus límites al consumir alcohol.
- Sea firme—no deje que nadie viole su espacio.
- Confíe en su instinto. Si se siente incómodo en su entorno, váyase.
- No sostenga abiertas puertas que se cierran solas.
- Asegure sus puertas y ventanas, aún si usted sale sólo por pocos minutos.
- Vigile sus llaves. No las preste. No las deje. No las pierda. Y no ponga su nombre y dirección en el llavero.
- Tenga cuidado con las visitas inesperadas. Sepa quién está al otro lado de la puerta antes de abrirla.
- Sea cauteloso en los lugares aislados, tales como estacionamientos subterráneos, oficinas fuera de horario de trabajo, y los cuartos de lavandería de los apartamentos
- Evite caminar o trotar solo, especialmente de noche. Varíe su ruta. Manténgase en áreas bien transitadas e iluminadas.
- Tenga sus llaves listas para usarlas antes de llegar a la puerta—hogar, vehículo, o trabajo.
- Estaciónese en áreas bien iluminadas y póngale el seguro a su vehículo, aún si sólo se va por pocos minutos.
- Maneje por calles bien transitadas, con las puertas y ventanas aseguradas.
- Nunca pida un aventón ni recoja a alguien que lo pida.
- Mantenga su vehículo en buenas condiciones y con el tanque lleno de combustible.
- En caso de problemas con su vehículo, use su celular para llamar por ayuda. Si no tiene un teléfono, levante el capó, asegure las puertas, y ponga un cartel en el cristal de atrás que diga: "Ayuda. Llame a la policía".

¿Cómo puedo ayudar a alguien que ha sido asaltado sexualmente?

Usted puede ayudar a alguien que ha sido asaltado escuchándole y ofreciéndole consuelo. Vaya con él o ella a la policía, el hospital, o a consejería. Repita el mensaje de que ella o él no son culpables y que es natural sentir ira y vergüenza.

¿Dónde más puedo ir por ayuda?

Si usted es sexualmente asaltado, no es su culpa. No tenga miedo de pedir ayuda o apoyo. La ayuda está disponible. Hay muchas organizaciones y líneas directas en cada estado y territorio. Estos centros de crisis y agencias trabajan duro para poner fin a los asaltos y ayudar a las víctimas. También puede conseguir los números de refugios, servicios de consejería, y asistencia legal en su guía telefónica u online.

Usted puede llamar a las siguientes organizaciones:

- National Domestic Violence Hotline (Línea directa nacional de ayuda para la violencia doméstica) 800-799-SAFE (7233) o 800-787-3224 (TDD)
- National Sexual Assault Hotline (Línea directa nacional de ayuda para el asalto sexual) 800-656-HOPE (4673)

Para más información sobre asalto sexual, vaya a womenshealth.gov, llame al 800-994-9662 (TDD: 888-220-5446) o contacte las siguientes organizaciones:

- Loveisrespect.org
  Teléfono 866-331-9474 (TDD: 866-331-8453)
- National Center for Victims of Crime (Centro nacional para víctimas de crimen)
  Teléfono: 800-394-2255 ó 202-467-8700 (TDD: 800-211-7996)
- National Crime Prevention Council (Concilio nacional de prevención del crimen)
  Teléfono 202-466-6272
- National Sexual Violence Resource Center (NSVRC). (Centro nacional de recursos para la violencia sexual)

Teléfono: 877-739-3895 ó 717-909-0710 (TDD: 717-909-0715)

- Office on Violence Against Women, OJP, DOJ (Oficina para la violencia contra la mujer)
  Teléfono: 202-307-6026 (TDD: 202-307-2277)
- Rape, Abuse, and Incest National Network (RAINN) (Red nacional contra la violación, abuso, e incesto)
  Teléfono: 800-656-4673 ó 202-544-1034

Apéndice IX

Guía para hallar a un terapeuta

Información general sobre los terapeutas

- Hay diferentes clases de terapeutas con diferentes títulos, licenciaturas y funciones.
- Los psiquiatras son doctores en medicina que diagnostican y atienden lo relacionado con la salud emocional y mental. Son los únicos profesionales de la salud mental que pueden recetar medicamentos.
- Los psicólogos tienen un doctorado en psicología. Pueden diagnosticar problemas de salud mental y emocional y ofrecer servicios de consejería, pero no pueden recetar medicamentos.
- Las enfermeras psiquiátricas son enfermeras certificadas que han recibido entrenamiento adicional en el tratamiento y diagnóstico de problemas de salud mental y emocional.
- Los trabajadores sociales clínicos han obtenido un título de maestría y han sido entrenados para hacer diagnósticos de salud mental y ofrecer servicios de consejería. Deben tener licencia del estado.
- Los consejeros profesionales con licencia (o consejeros de salud mental) tienen un título de maestría en consejería o un campo relacionado y pueden proveer servicios de consejería. Deben tener licencia del estado.
- Los consejeros sobre alcohol y drogas (adicciones) tienen un título universitario y han recibido entrenamiento especializado adicional en consejería sobre adicciones. Los consejeros en adicciones pueden diagnosticar problemas de adicción y pueden ofrecer terapias individuales o de grupo. Deben tener licencia del estado para ejercer.

- El terapeuta marital o de familia tiene un título de maestría o mayor en consejería o un campo relacionado y han recibido entrenamiento especializado en consejería matrimonial y familiar.
- Los terapeutas de arte tienen un título de maestría en terapia de arte o un campo relacionado y usarán pasatiempos creativos tales como pintura o escultura para ayudar a expresar emociones situadas profundamente. (Los terapeutas musicales son similares, pero usan la música como forma creativa para tratar con las emociones).
- Los consejeros religiosos o pastorales son miembros del clero que han recibido algún entrenamiento en consejería.

Información general sobre los tipos de terapia

La terapia puede ser dada en diferentes formas, tales como individual, familiar, marital o terapia de grupo. Hay docenas de tipos de terapia. Muchos terapeutas son eclécticos y usan una variedad de métodos. Los terapeutas cristianos también pueden usar una variedad de métodos en el contexto de una terapia basada en la Biblia y centrada en Cristo. A continuación se enumeran algunas de las principales modalidades que son útiles para los sobrevivientes del abuso:

- Terapia de recuperación de adicciones—dirigida a los síntomas de adicciones y áreas relacionadas de impedimento funcional y el contenido y estructura del programa de recuperación en curso del paciente. Este modelo es un enfoque de tiempo limitado que se centra en los cambios de comportamiento, generalmente incluye enfoque en los 12 pasos, herramientas para recuperación y participación de autoayuda. Puede ser impartida en terapia individual o de grupo.
- Manejo de la ira—un proceso de aprendizaje para aprender a reconocer señales de que se está enfureciendo y ejecutar acciones para calmarse y tratar con la situación de manera positiva. Puede ser dada en el contexto de una clase, grupo o terapia individual.
- Terapias corporales—incluye trabajar con el cuerpo humano para conectar cuerpo y mente. Ayuda porque en el cuerpo están almacenadas memorias y a menudo pueden ser resueltas a través del trabajo corporal. Un tipo de terapia corporal, bioenergética, es una forma de psicoterapia psicodinámica que combina trabajo con el cuerpo y la mente para ayudar a las personas a resolver sus problemas emocionales y reconocer mejor su potencial para vivir

con gozo. Masaje de los tejidos profundos y bio-retroalimentación (biofeedback) también son parte de las terapias corporales.

- La terapia cognitiva del comportamiento (TCC) —es un tipo de tratamiento psicoterapéutico que ayuda a los pacientes a entender los pensamientos y sentimientos que influyen en el comportamiento. La TCC se usa frecuentemente para tratar una amplia gama de trastornos, incluyendo fobias, adicciones, depresión y ansiedad. Generalmente es de periodo corto y se enfoca en ayudar a los pacientes a tratar con un problema muy específico. Ayuda mucho a cambiar falsas creencias.
- Desensibilización y reprocesamiento del movimiento ocular (DRMO) —es una terapia donde el paciente trae a su mente imágenes emocionalmente no placenteras y creencias acerca de ellos mismos relacionadas con un evento traumático. Con estos pensamientos e imágenes en mente, a los pacientes se les pide que pongan atención a un estímulo externo, tal como movimiento de los ojos o golpeteo de los dedos guiado por el terapeuta. La meta es reprocesar el trauma/abuso y conectar el cerebro derecho e izquierdo, el cerebro frontal y posterior, los cuales se disocian durante el trauma. Esta terapia está registrada en el nuevo Department of Veterans Affairs & Department of Defense Practice Guidelines (Departamento de asuntos de veteranos y departamento de guía de prácticas defensivas) como "altamente recomendada" para el tratamiento de traumas (SEPT).
- Terapias expresivas—incluyen arte, música, bandeja de arena, drama, movimiento, mantener un diario personal, etc. Estimula la expresión en un ambiente terapéutico seguro. Puede ser dada en sesiones individuales o de grupo.
- Terapia del duelo—se refiere a una forma específica de terapia, o un enfoque en consejería general con la meta de ayudar al individuo a hacer duelo y a enfrentar la pérdida personal de una manera sana. La consejería del duelo se ofrece de manera individual o en grupos por consejeros o pastores, así como grupos informales de apoyo ofrecidos por iglesias, grupos comunitarios, u organizaciones dedicadas a ayudar individuos a hacer duelo por pérdidas específicas.

¿Cómo escojo a un terapeuta?

1. Ore acerca de ello. El Espíritu Santo sabe qué clase de terapia

usted necesita y la persona apropiada con quien usted necesita trabajar. Pida sabiduría de lo Alto para hacer su decisión.

2. Conozca sus necesidades específicas y busque un terapeuta con experiencia específica en su asunto. ¿En qué necesita usted trabajar? ¿Es un asunto de relaciones? ¿Necesita usted enfrentar las falsas creencias que tiene? ¿Se siente adormecido y quiere que su cuerpo esté más despierto? ¿Quiere tratar directamente con el trauma del abuso? Escriba en su diario acerca de lo que necesita; entonces lea la sección de Información general sobre terapeutas.
3. Si no lo averigua antes, haga preguntas en su primera sesión. Usted está entrevistando al terapeuta tanto como él le está entrevistando a usted. Pregúntele si ha visto muchos pacientes con sus mismos asuntos. Pregúntele cuándo fue la última vez que trató a alguien con un problema como el suyo. Un buen terapeuta estará abierto a esas preguntas.
4. Escoja a alguien con experiencia. Los estudios no muestran mucha diferencia entre la calidad de los resultados basados en el título o entrenamiento del clínico, pero sí muestran que mientras más tiempo tiene ejerciendo su profesión, mejores serán los resultados del paciente.
5. Obtenga referencias de pacientes satisfechos. Pídales sus recomendaciones a amigos sobrevivientes. Pregúntele a otras personas seguras sobre sus experiencias.
6. Haga la pregunta: "¿Ha hecho su propio trabajo?". Un terapeuta que ha hecho su propio trabajo estará abierto a esta pregunta. Usted quiere a alguien que ha tratado con sus propios asuntos psicológicos y sabe lo que es el trabajo emocional duro. El terapeuta no necesita compartir en qué específicamente trabajó en lo personal, pero debería ser capaz de asegurarle a usted de que él sabe lo que significa.
7. Inquiera si el terapeuta está involucrado en algún programa de educación y/o supervisión. Si el terapeuta es licenciado (y debería serlo), estará involucrado en educación continua (CEUs). Supervisión significa que el terapeuta tiene otro profesional a quien le habla acerca del trabajo de su cliente a modo de evitar que sus asuntos personales interfieran con la terapia.

8. Busque a alguien que no haga muchas preguntas capciosas. La mayor parte del tiempo usted no quiere a alguien que dicte lo que pasa en su espacio de terapia. Usted necesita este espacio para trabajar en su programa, no el que le dicten. Hay algunas terapias, sin embargo, que por su misma naturaleza son muy estructuradas como TCC y DRMO y éstas tienen su lugar.
9. Busque a alguien que le ayude a encontrar las respuestas a sus preguntas. Dar consejos no es una buena técnica terapéutica. La mayoría de las veces usted necesita el espacio para buscar y encontrar sus propias respuestas y las respuestas de Dios para usted. Tener a alguien diciéndole cómo debería o no sentirse y/o cuáles son las respuestas no ayuda mucho y detiene su crecimiento emocional.
10. Usted merece sentirse cómodo y seguro con su terapeuta. La terapia no es un proceso fácil y aunque el terapeuta no está allí para ser su amigo, usted definidamente puede escoger un terapeuta que usted siente respeta su individualidad, opiniones, y forma de ser. Usted debe poder confiar en su terapeuta, y si no lo puede hacer y siente que tiene que mentirle u ocultarle información importante, usted no va a conseguir ninguna verdadera ayuda.
11. Elija a alguien que esté a su alcance financiero. Revise a ver si hay alguien en su seguro. Si no tiene seguro, hay varios lugares donde puede hallar un buen terapeuta. Chequee con iglesias que ofrecen consejería. Sólo asegúrese de que la persona esté calificada con la preparación adecuada para dar consejería. Chequee con el departamento de salud mental del condado. Con frecuencia ellos tienen muy buenos consejeros. Averigüe con otras agencias sin fines de lucro que ofrezcan terapia en su área, que trabajen con una escala flexible de honorarios.

Apéndice X

Guía para la prevención del suicidio

El suicidio es un problema serio. Es la décima principal causa de muerte. Cada 13.7 minutos alguien muere en los Estados Unidos a causa del suicidio. El año pasado casi 1,000,000 de personas intentaron suicidarse. Esta es la tasa de suicidio más alta en los últimos quince años. Los hombres que intentan suicidarse tienen cuatro veces más posibilidades de morir que las mujeres debido a que ellos eligen métodos más letales. Las mujeres tienen tres veces más posibilidades de intentar el suicidio.

Cuando alguien dice que está pensando en el suicidio, o dice cosas que suenan como que está considerando suicidarse, esto es lo que puede hacer:

1. Dígale a la persona que le preocupa y dele ejemplos.
2. Hágale preguntas. Sea sensible pero directo. Preguntar acerca de pensamientos y sentimientos suicidas no empujará a alguien a cometer algo perjudicial. En cambio, al ofrecerle una oportunidad de hablar acerca de sus pensamientos y sentimientos puede reducirse el riesgo de que la persona actúe en base a sus pensamientos y sentimientos suicidas. Aquí hay algunas preguntas para hacer:
    a. ¿Cómo te las estás arreglando?
    b. ¿Alguna vez sientes que quieres darte por vencido?
    c. ¿Estás pensando en hacerte daño a ti mismo?
    d. ¿Estás pensando en la muerte?
    e. ¿Estás pensando en el suicidio?
    f. ¿Has pensado en cómo lo harías?
    g. ¿Sabes cuándo lo harías?
    h. ¿Tienes los medios para hacerlo?

3. Esté dispuesto a escuchar.
   a. No intente discutir con alguien para que deje los pensamientos suicidas. En cambio, déjele saber que a usted le importa, que él/ella no está solo, que los sentimientos suicidas son temporales y que la depresión puede ser tratada. No trate de disuadir a la persona de sus sentimientos ni exprese en shock. Evite la tentación de decir "Aún te queda mucho por vivir", o "Tu suicidio lastimará a tu familia".
   b. Anime a la persona a comunicarse con usted. Alguien que está pensando en el suicidio puede sentir necesidad de reprimir sus sentimientos porque se siente avergonzado o culpable. Ofrézcale apoyo y comprensión, y exprese sus opiniones sin culpar. Escuche atentamente y evite interrumpir.

4. Busque ayuda profesional
   a. Involúcrese activamente en animar a la persona a ver inmediatamente a un médico o un profesional de la salud mental. Alguien que es suicida o tiene una depresión severa a menudo no tiene la energía o la motivación necesarias para buscar ayuda.
   b. Nunca prometa mantener en secreto los sentimientos suicidas de una persona. Sea comprensivo, pero explíquele que es posible que usted no pueda mantener una promesa tal si piensa que la vida de la persona está en peligro. En tal caso, usted tiene que buscar ayuda.
   c. Los individuos que están contemplando suicidarse a menudo no creen que pueden ser ayudados, así que usted deberá hacer más.
   d. Ayude a la persona a encontrar un profesional de la salud mental experto o un programa de tratamiento de buena reputación, y llévele a atenderse.

5. Conozca los factores de riesgo.
   a. El noventa por ciento de las personas que cometen suicidio tienen una enfermedad mental diagnosticable y tratable—depresión mayor, SEPT, trastornos de ansiedad, bulimia, anorexia, abuso de alcohol o drogas, etc.

b. Intentos previos.
c. Tener un plan para el suicidio.
d. Predisposición genética.
e. Neurotransmisores—hay una relación clara entre la baja concentración de serotonina y el intento y/o consumación del suicidio.
f. Pérdida mayor u otro evento desencadenante.
g. Desesperanza.

6. Esté atento a las señales de advertencia. Usted no puede saber siempre cuándo alguien está considerando suicidarse, pero hay algunas señales comunes:
   a. Hablar sobre eso. "Quisiera estar muerto". "Quisiera no haber nacido". "Me voy a matar". "Mi familia estaría mejor sin mí".
   b. Señales de depresión tales como: ansiedad, dolor, retraimiento social, cambios en el sueño o en los hábitos alimenticios, pesimismo, desesperanza, desesperación, altibajos emocionales (estando por las nubes un día y por el suelo el siguiente), estar preocupado con la muerte o violencia.
   c. Aumento del consumo de alcohol y/o drogas.
   d. Hacer un plan:
      - Regalar pertenencias y poner las cosas en orden sin una explicación lógica de por qué lo hace.
      - Decirle adiós a personas como si nunca más las volverá a ver.
      - Compra súbita o impulsiva de un arma.
      - Obtener otros medios para matarse a sí mismo, tales como venenos o medicamentos.
      - Rabia o enojo inesperados.

7. Busque ayuda de emergencia. Si usted cree que alguien está en peligro de cometer suicidio o ha hecho un intento de suicidio:
   a. No lo deje solo.
   b. Aleje de su entorno cualquier arma, drogas u objetos filosos que puedan ser usados para cometer suicidio.
   c. Lleve a la persona a una sala de emergencias o a un

consultorio clínico de un hospital psiquiátrico.

d. Si no hay un hospital o una clínica psiquiátricos disponibles, vaya al hospital o clínica más cercano.
e. Si las opciones anteriores no están disponibles, llame al 911 o al National Suicide Prevention Lifeline (Línea de vida nacional de prevención de suicidio) al 1-800-273-TALK (8255)

8. No es su responsabilidad prevenir que alguien se quite la vida—pero su intervención puede ayudar a la persona a ver que hay otras opciones disponibles para permanecer a salvo y conseguir tratamiento.

Apéndice XI

Recursos

Recuperación del abuso—Cristiano

www.hopeforhurtinghearts.com
Recursos para sanar de cualquier tipo de abuso.

www.spiritualabuse.com
Recursos para aquellos que han experimentado abuso espiritual.

www.thehopeofsurvivors.com
Apoyo, esperanza y sanidad para víctimas de abuso sexual por un pastor.

www.recoveryfromabuse.com
Una introducción práctica para pastores y otros profesionales religiosos.

www.christiansurvivors.com
Una comunidad activa de sobrevivientes de todo tipo de abuso—un oasis seguro para proveer amistad, comprensión y apoyo a los sobrevivientes de todo tipo de abuso.

www.christianrecovery.com
Ayudando a la comunidad cristiana a convertirse en un lugar seguro para personas recuperándose de la adicción, el abuso o el trauma.

Recuperación del abuso

www.soul-expressions-abuse-recovery.com
Recursos para psicoterapeutas y otros que han sobrevivido al abuso

infantil y otros traumas, incluyendo una variedad de enlaces útiles para los sobrevivientes y los consejeros.

www.overcomingsexualabuse.com
Overcoming Sexual Abuse inspira, capacita, educa y da apoyo a sobrevivientes masculinos y femeninos de abuso sexual.

Recuperación de adicciones—Cristiano

www.overcomersoutreach.org
Un programa cristocéntrico de recuperación en 12 pasos dirigido a las adicciones y compulsiones—es un puente para la brecha entre los grupos tradicionales de apoyo de 12 pasos y las personas que están sufriendo en iglesias de todas las denominaciones.

www.confidentkids.com
Un programa especial con grupos designados para ayudar a niños de familias disfuncionales y con problemas de adicción.

www.prodigalsinternational.org
Grupos de apoyo cristocéntricos de 12 pasos para hombres en recuperación de la adicción sexual. Partners in Process es el programa paralelo para las esposas de adictos sexuales.

www.celebraterecovery.com
Celebrate Recovery es un programa designado para ayudar a aquellos que están luchando con heridas, frustraciones, y hábitos mostrándoles el poder de Jesucristo a través del proceso de recuperación.

www.christianrecoveryonline.net
Christian Recovery Online es un lugar para cristianos en recuperación y para que todos los cristianos se conecten online y socialicen con otros cristianos. Está basado en Celebrate Recovery.

www.christiancodependence.com
Información y recursos para cristianos sobre la codependencia.

www.christians-in-recovery.org
Información, herramientas, y recursos para aquellos que buscan recuperarse

de las pruebas y problemas de la vida, las adicciones y disfunciones.

www.nacr.org
La National Association for Christian Recovery tiene pasión por cultivar y hacer crecer comunidades de recuperación dentro o en sociedad con iglesias cristianas—para personas en recuperación, sus familias, pastores, líder de ministerio de recuperación o profesional de la salud mental.

www.clergyrecovery.com
La Clergy Recovery Network existe para apoyar, animar y proveer recursos para profesionales religiosos en recuperación—para pastores, misioneros, profesionales religiosos y esposas.

Recuperación de la adicción
www.adultchildren.org
Adult Children of Alcoholics es un programa anónimo de doce pasos para mujeres y hombres que crecieron en un hogar alcohólico o con alguna disfunción.

www.coda.org
Co-Dependents Anonymous, una asociación de hombres y mujeres cuyo propósito común es desarrollar relaciones saludables.

www.al-anon.org
Página web oficial que provee una lista exhaustiva de información sobre reuniones en los Estados Unidos y Canadá.

www.alladdictsanonymous.org
Un programa de recuperación para todos los adictos y todas las adicciones
www.soberrecovery.com
Miles de enlaces de recuperación para cuando usted necesite ayuda, para alcoholismo o adicción, diagnóstico doble, tratamiento, vivir sobrio, adicción sexual y recuperación, adicción al juego, comer en exceso, enfermedad mental—para cualquier situación que le presente la vida.

Líneas directas de ayuda para el abuso
www.allaboutcounseling.com/crisis_hotlines.htm
Listado de varias líneas directas de ayuda con descripciones de los servicios que proveen.

www.avhotline.org/abuse/hotlines/index.html
Abuse Victim Hotline-listado de líneas directas de ayuda para el abuso en cada estado y muchos enlaces de ayuda para toda clase de abuso, servicio confidencial de mensajes instantáneos, y un sitio para conectarse para consulta y consejo legal gratis.

www.rainn.org
Rape, Abuse & Incest National Network (RAINN)—La organización nacional más grande contra la violencia sexual—información, ayuda, estadísticas y prevención. National Sexual Assault Hotline 1-800-656-HOPE

www.childhelp.org
Child Abuse Hotline—consejeros profesionales anónimos y confidenciales 24/7 para la crisis, asistencia en 170 idiomas. Ofrece intervención en la crisis, información, literatura, y derivación a miles de recursos de emergencia, servicio social, y recursos de apoyo.
EE.UU. o Canadá: 1-800-4-A-CHILD (1-800-422-4453)

www.stopitnow.org
Stop It Now—enfocado en la prevención del abuso sexual de niños mediante la movilización de adultos, familias y comunidades a tomar acciones que protejan a los niños antes de que sean afectados.
Línea directa para preguntas y asuntos de interés: 1-888-PREVENT (1-888-773-8368)
www.ChiWorld.org
Lista de líneas internacionales de ayuda para niños.

http://www.nccafv.org/state_elder_abuse_hotlines.htm
Elder Abuse Hotline —National Council on Child Abuse and Family Violence (NCCAFV)—si usted sospecha de abuso a un anciano, llame a la línea directa de su estado para la ayuda a los ancianos abusados (registrada en la página web) ó 1-800-677-1116, disponible de lunes a viernes de 9 AM-8 PM (excepto días feriados de los Estados Unidos).

www.suicidehotlines.com
National Suicide Hotlines —Lista de líneas directas de ayuda para suicidio de todos los estados, al igual que números nacionales –Llamada gratis 24/7.
1-800-SUICIDE (1-800-784-2433)
1-800-273-TALK (1-800-273-8255)

1-800-799-4TTY (4889) —para sordos
Boys Town Suicide and Crisis Line: 800-448-3000 ó 800-448-1833 (TDD) 24/7 intervención y consejería a corto plazo para la crisis y derivación a recursos de la comunidad local; consejería en conflictos de padres e hijos, asuntos maritales y familiares, suicidio, embarazo, jóvenes que huyen, abuso físico y sexual, y otros asuntos.

Libros

Abuso

1. Ewert, Heyward Bruce III and Lawrence Stevenson. *AM I BAD? Recovering From Abuse.* Ann Arbor, MI: Loving Healing Press, 2007.

   Si usted fue abusado o descuidado cuando era niño, es posible que lo haya sido toda su vida, sea usted un hombre, una mujer o un adolescente. El abuso infantil destruye tanto la personalidad que la víctima inconscientemente atrae abusadores a lo largo del ciclo de la vida.

2. Gil, Eliana. *Outgrowing the Pain: A book for and About Adults Abused As Children.* New York: Dell Publishing 1988.

   Este libro muy necesario señala los típicos problemas que experimentan los niños abusados cuando llegan a adultos. La información se presenta de forma cordial y completa para víctimas y profesionales. (También Outgrowing the Pain Together). Disponible en español bajo el título: Superando el Dolor: Un libro para y acerca de adultos abusados en la niñez

3. Tracy, Steven. *Mending the Soul: Understanding and Healing Abuse.* Grand Rapids, MI: Zondervan, 2008.

   Este libro provee una perspectiva general sobre el abuso bien investigado bíblica y científicamente. Una perspectiva general amplia, que trata los diferentes tipos de abuso, los diferentes efectos del abuso, y las formas de alcanzar la sanidad.

Abuso emocional

1. Jantz, Gregory and Ann McMurray. *Healing the Scars of Emotional Abuse.* Grand Rapids, MI: Revell Publishing, 2009.

   A pesar de su invisibilidad física, las heridas emocionales son una forma de abuso muy dañina. Sea que hayan sido causadas por palabras, acciones, o aún indiferencia, el abuso emocional es común—aunque a menudo es pasado por alto. En esta guía útil, el Dr. Gregory L. Jantz revela, mediante orientación escritural y bíblica, cómo aquellos que han sido abusados por un esposo, padre, empleador, o ministro, pueden superar el pasado y reconstruir su autoimagen.

2. Paul, Christi. *Love Isn't Supposed to Hurt.* Carol Stream, IL Tyndale House books, 2012.

   Escrito con gran franqueza y muy conmovedor, Love Isn't Supposed to Hurt (No se Supone que el Amor Lastime) describe la experiencia personal de Christi al tratar con el abuso emocional y muestra cómo—con la ayuda de Dios, alguna terapia no convencional, y el apoyo de la familia y los amigos—ella fue capaz de romper el ciclo de abuso, recuperando su sentido de valor personal, y descubriendo lo que es realmente el verdadero amor.

Abuso sexual

1. Allender, Dan. *The Wounded Heart: Hope for Adult Victims of Childhood Sexual Abuse.* Colorado Spring, CO: Nav Press, 2008.

   El abuso sexual no conoce límites religiosos o sociales. The Wounded Heart es una mirada intensamente personal y específica a esta forma de abuso. El Dr. Allender explora el lamento secreto del alma dañada por el abuso sexual y se ase de la esperanza puesta allí por Uno cuya imagen inmaculada llevamos todos. (Manual de ejercicios también disponible—

útil en grupos de apoyo para sobrevivientes en las iglesias).

2. Bass, Ellen and Laura. *The Courage to Heal 4e: A Guide for Women Survivors of Child Sexual Abuse.* New York: William Morrow Publishing, 2008. (Manual de ejercicios también disponible)

   The Courage to Heal es una guía inspiradora e integral, que ofrece esperanza y un mapa de ruta en el camino a la sanidad para cada mujer que fue sexualmente abusada en su niñez—y para aquellos que cuidan de ella. Aunque los efectos del abuso sexual son severos y a largo plazo, la curación es posible. (También Allies in Healing.)

3. Heggen, Carolyn Holderread. Sexual Abuse in Christian Homes and Churches. Eugene, OR: Wipf & Stock Publishers, 2006.

   Lo que separa a este libro de muchos otros sobre este tema es el énfasis en cómo la congregación de una iglesia puede comenzar a trabajar para sanar las heridas del abuso sexual y prevenir que ocurran abusos subsiguientes. A menudo los miembros de iglesia deben, al mismo tiempo que ofrecen amor, comprensión y curación a los sobrevivientes, confrontar-y aún amar-al abusador.

4. Heitritter, Lynn and Jeanette Vought. *Helping Victims of Sexual Abuse: A Sensitive Biblical Guide for Counselors, Victims and Families.* Bloomington, MN: Bethany House Publishers, 2006.

   Esta guía sólidamente bíblica y sensible está repleta de información útil que provee una valiosa perspectiva de cómo el abuso afecta a los niños y la dinámica familiar que contribuye a su desarrollo. Además, los lectores también descubrirán herramientas prácticas que pueden dirigir a las víctimas adultas a la recuperación en Cristo. Es una lectura imprescindible para todo el que quiere llevar un ministerio significativo a aquellos afectados por el abuso sexual.

5. Lew, Mike. Victims No Longer: *The Classic Guide for Men Recovering from Sexual Child Abuse.* New York: Harper Perennial, 2004.

   El primer libro escrito específicamente para hombres, Victims No Longer examina las cambiantes actitudes culturales hacia los hombres sobrevivientes de incesto y otros traumas sexuales. Ahora, en esta segunda edición, este valioso recurso continúa ofreciendo consejo compasivo y práctico, sostenido por anécdotas personales y declaraciones de hombres sobrevivientes.

SEPT

1. Orange, Cynthia. Shock Waves: *A Practical Guide to Living with a Loved One's PTSD.* Center City, MN: Hazelden, 2010.

   Una guía práctica y fácil de usar para aquellos que aman a alguien cuya vida ha sido cambiada por un trauma, sea o no que la persona haya sido diagnosticada con SEPT. A través de sus páginas se escuchan las voces de sobrevivientes de traumas y de aquellos afectados por el trauma de un ser amado.

2. Williams, Mary Beth and Soili Poijula. The PTSD Workbook: Simple, Effective Techniques for Overcoming Traumatic Stress Symptoms. Oakland, CA: New Harbinger Publications, 2002.

   En el PTSD Workbook, dos expertos en psicología y traumas compilan técnicas e intervenciones usadas por expertos en SEPT de todo el mundo para ofrecer a los sobrevivientes de traumas las herramientas más efectivas disponibles para conquistar los síntomas más perturbadores relacionados con su trauma. Los lectores aprenden a determinar qué tipo de trauma experimentaron, identificar sus síntomas, y aprender las estrategias más efectivas que pueden usar para superarlos.

Violencia doméstica

1. Alsdurf, James and Phyllis. Battered Into Submission:

The Tragedy of Wife Abuse in the Christian home. Downers Grove, IL: InterVarsity Press, 1998.

2. Kroeger, Catherine Clark and Nancy Nason-Clark. No Place or Abuse: Biblical and Practical Resourses to Counteract Domestic Violence. Downers Grove, IL: InterVarsity Press, 2010.

Los autores demuestran que el problema de la violencia doméstica en la iglesia es más generalizado de lo que a la mayoría de los cristianos les gustaría creer. Este libro que hace pensar, tiene el potencial de abrir los ojos de muchos creyentes que no comprenden la frecuencia de la violencia en muchos hogares evangélicos. Será particularmente útil para pastores y consejeros, pero ofrecerá guía para cada cristiano que se ha enfrentado con situaciones semejantes.

Notas Finales

1. U.S. Department of Health and Human Services. Administration for Children and Families. Child Maltreatment Report, 2011. www.acf.hhs.gov/programs/cb/resource/child-matreatment-2011
2. United States Government Accountability Office, Report to the Chairman, Committee on Ways and Means, House of Representatives. Child Mistreatment, July 2011. www.gao.gov/new.items/d11599.pdf
3. D. Finkelhor et al., "Sexual Abuse in a National Survey of Adult Men and Women: Prevalence, Characteristics, and Risk Factors", Child Abuse and Neglect, no. 14 (1990): 19-28.
4. D.W. Smith et al., "Delay in Disclosure of Childhood Rape: Results from a National Survey", Child Abuse and Neglect, (2000): 24.
5. Patricia Tjaden & Nancy Thoennes, "Extent, Nature and Consequences of Intimate Partner Violence", The National Violence against Women Survey, (2000): 9-10. https://www.ncjrs.gov/pdffiles1/nij/181867.pdf
6. Tjaden, 12-13.
7. Callie Rennison, "Intimate Partner Violence, 1993-2001", Bureau of Justice Statistics Crime Data Brief, no. 197838 (2003). http://bjs.ojp.usdoj.gov/content/pub/pdf/ipv01.pdf
8. Irene Frieze and Angela Browne, "Violence in Marriage", Crime and Justice 11, (1989): 163-218.
9. A.R. Roberts, Battered Women and their Families. (NY:

Springer Publishing, 1992), 147-167.

10. Freedictionary.com, s. v. "victim", accessed October 14, 2012, www.thefreedictionary.com/victim
11. Freedictionary.com, s. v. "survivor", accessed October 14, 2012, www.thefreedictionary.com/survivor
12. D. Campbell et al., "Cycle of child sexual abuse: links between being a victim and becoming a perpetrator". The British Journal of Psychiatry (2001): 482-494.
13. Andrew Vachss, "You Carry the Cure in your Heart", Parade Magazine, August 28, 1994.
14. Melinda Smith and Jeanne Segal, "Child Abuse and Neglect: Recognizing and Preventing Child Abuse", Last modified November, 2012. http://www.helpguide.org/mental/child_abuse_physical_emotional_sexual_neglect.htm
15. Allender, Dan, The Wounded heart: Hope for Adult Victims of Childhood Sexual Abuse. (CO Nav Press, 1990), 79-83
16. Medical-dictionary.thefreedictionary.com, s. v. "debridement", accessed November 10, 2012. http://medical-dictionary.thefreedictionary.com/debridement.
17. William Worden, Grief Counseling and Grief Therapy: A Handbook for Mental Health Practitioners, NY: Springer Publishing, 1982.
18. Henry Cloud and John Townsend, Boundaries: When to Say Yes, When to Say No, to Take Control of Your Life, Grand Rapids, MI: Zondervan, 1992.
19. Nina W. Brown, Coping with Infuriating, Mean, Critical People—The Destructive Narcissistic Pattern, Westport, CN: Praeger Publishing, 2006
20. Lewis B. Smedes, Forgive and Forget: Healing the Hurts We Don`t Deserve, (New York: HarperOne, 2007), 111.
21. www.christiansurvivors.com/forgiveness.html, accessed November 3, 2012.
22. Smedes, 133.
23. U.S. Department of Health and Human Services, Administration for Children and Families, "Child Abuse and Neglect", 2008.

https://www.childwelfare.gov/can/

24. U.S. Department of Justice Office on Violence against Women, "Domestic Violence", last modified August 2012. www.ovw.usdoj.gov/domviolence.htm
25. Howard N. Snyder, "Sexual Assault of Young Children as Reported to Law Enforcement: Victim, Incident, and Offender Characteristics", National Center for Juvenile Justice, July 2000 http://www.ojp.usdoj.gov/bjs
26. Ronald and Stephen Holmes, Profiling Violent Crimes: An Investigative Tool, (Thousand Oaks, CA: Sage Publications, 2002), 3-12.
27. G. G. Abel, M.S. Mittelman and J. V. Becker, "Sexual Offenders: Results of Assessment and Recommendations for Treatment", Clinical Criminology: The Assessment and Treatment of Criminal Behavior (Toronto: M & M Graphics, 1985), 191-205.
28. J. Caffaro and A. Conncaffaro, "Treating Sibling Abuse Families", Aggression and Violent Behavior no. 10 (2005): 604
29. Child Protection Guide, 3rd edition. www.childprotectionguide.org/child-protection-eguide-subjects/a-child-molesters-confession
30. Angela R. Carl, Child Abuse: What You Can Do About It, (Cincinnati, OH: Standard Pub, 1985).
31. Jordan and Margaret Paul, Do I Have to Give Up Me to Be Loved by You Workbook. (MN: Hazelden, 2002), p. 65.
32. www.ptsd.va.gov/public/understanding_ptsd/booklet.pdf
33. http://www.helpguide.org/articles/abuse/domestic-violence-and-abuse.htm
34. Frequently Asked Question about Domestic Violence. National Network to End Domestic Violence, 2010. www.nnedv.org/docs/stats/NNEDV_FAQaboutDV2010.pdf
35. Lenore E. Walker, A. The Battered Woman Syndrome, 3rd ed. (NY: Springer Publishing Company, 2009), 98-101.
36. New Hampshire Coalition against Domestic and Sexual Violence. "Faith Based Issues and Domestic Violence"

www.nhcadsv.org/DVFaith_Based_Issues.cfm

37. Brenda Branson and Paula Silva. "Violence Among Believers: Confronting the Destructive Secret", Christian Counseling Today, no. 13:3, (2005), 24-27.
38. Frequently Asked Questions about Domestic Violence. National Network to End Domestic Violence, 2010. www.nnedv.org/docs/Stats/NNEDV_FAQaboutDV2010.pdf
39. Women`s Health.gov Sexual Assault Fact Sheet, 2009. www.women-shealth.gov/publications/fact-sheet/sexual-assault.cfm

Acerca de la Autora

Roberta Fish tiene una licenciatura en trabajo social clínico. Su masters lo recibió de la Universidad de Illinois en Chicago y asistió al Seminario Teológico Bautista de Lombard, Illinois.

Ha servido a Dios a través de diversas profesiones: enfermera registrada, esposa de pastor, empresaria, psicoterapeuta, capellana de campus, profesora de religión y psicología, pastora, predicadora y autora.

El ministerio de toda una vida de Roberta ha sido el de apoyar a las personas en el aprendizaje y el crecimiento. Ella ha ejercido como psicoterapeuta por más de treinta años, asistiendo a las personas en el camino a la curación emocional y espiritual.

Roberta Fish vive en el área de Chattanooga, Tennessee con su esposo de cuarenta y nueve años quien, según lo describe ella, es el hombre más amable que ha conocido y su animador más entusiasta.

Ella está escribiendo su segundo libro, un comentario bíblico de fácil lectura acerca de las mujeres en los evangelios, titulado Las mujeres de las buenas nuevas.

www.robertafish.com
www.hopeforhurtinghearts.com